九三学社机关工作手边书系列

九三学社机关工作实务指南

(2016年版)

九三学社中央办公厅　编

学苑出版社

图书在版编目（CIP）数据

九三学社机关工作实务指南：2016年版/九三学社中央办公厅编. — 北京：学苑出版社，2016.12（2019.6重印）

（九三学社机关工作手边书系列）

ISBN 978-7-5077-5131-4

Ⅰ.①九… Ⅱ.①九… Ⅲ.①九三学社—工作—指南 Ⅳ.①D665.7-62

中国版本图书馆 CIP 数据核字（2016）第 279967 号

出 版 人：	孟　白
责任编辑：	李　耕　徐志琴
出版发行：	学苑出版社
社　　址：	北京市丰台区南方庄2号院1号楼
邮政编码：	100079
网　　址：	www.book001.com
电子信箱：	xueyuanpress@163.com
联系电话：	010-67601101（营销部）、010-67603091（总编室）
经　　销：	全国新华书店
印 刷 厂：	北京建宏印刷有限公司
开本尺寸：	710×1000　1/16
印　　张：	21
字　　数：	232千字
版　　次：	2016年12月第1版
印　　次：	2019年6月第2次印刷
定　　价：	58.00元

前　言

为规范社机关工作，提升社机关工作效率，九三学社中央办公厅组织编写了《九三学社机关工作实务指南》。本书立足社中央和省级组织机关工作实际，对社机关的日常性工作，也是社机关干部必须熟练掌握的基本功——"办文""办会""办事"的规范、流程、方法、注意事项等进行了详细的介绍。

本书中提到的规范、流程等只是对现有做法的总结和描述，仅供各级社机关在工作中参考和借鉴，不是规章制度，不是硬性要求，不是统一规定。

本书"省级组织机关工作"部分编入的材料，主要是从体现多样性、反映地方特色的角度出发，不是对所有省级机关相关工作规律性的总结，不是具有示范意义的典型材料。

由于本书的编撰尚属首次，若有不周之处，敬请批评指正。

编　者

2016 年 11 月

目　录

社中央机关工作

办文
　　公文制发处理 …………………………………………… 003
　　机关收文处理 …………………………………………… 015

办会
　　全国代表大会 …………………………………………… 027
　　中央委员会全体（或扩大）会议 ……………………… 040
　　中央常务委员会会议（主题常委会）………………… 067
　　主席会议 ………………………………………………… 075
　　主席办公会议 …………………………………………… 078
　　社中央战略研讨会 ……………………………………… 081
　　理论学习中心组集中学习会议 ………………………… 084
　　机关工作协调会议 ……………………………………… 086
　　庆祝大会（活动）
　　　　——以庆祝九三学社创建70周年活动为例 ……… 088
　　全国机关建设工作会议 ………………………………… 095

两会（全国政协会议九三界别〈组〉）……………… 101

办事

　　人事 ………………………………………………… 109
　　财务 ………………………………………………… 122
　　后勤事务 …………………………………………… 158
　　档案管理 …………………………………………… 170
　　信息网络 …………………………………………… 187
　　值班 ………………………………………………… 192
　　领导事务服务 ……………………………………… 194
　　对外联络事务 ……………………………………… 200
　　专门机构事务服务 ………………………………… 206
　　社中央机关退休人员事务 ………………………… 208
　　社员来信来访处理 ………………………………… 211

省级组织机关工作

办文

收文流程
　　——以社上海市委为例 …………………………… 217
发文流程
　　——以社上海市委为例 …………………………… 223

办会

代表大会
　　——以社广西区委为例 …………………………… 235

省委全体（扩大）会议
　　——以社山东省委为例 ································ 240
省委常委会会议
　　——以社安徽省委为例 ································ 245
主委会议
　　——以社江苏省委为例 ································ 249
主委办公会议
　　——以社河南省委为例 ································ 251
中心组理论学习会
　　——以社四川省委为例 ································ 254
机关工作办公会
　　——以社天津市委为例 ································ 256

办事

机关干部晋升
　　——以社重庆市委为例 ································ 259
后勤事务
　　——以社河南省委为例 ································ 263
档案管理
　　——以社河北省委为例 ································ 270
网络信息
　　——以社上海市委为例 ································ 294
离退休人员事务
　　——以社天津市委为例 ································ 304
社员来信来访处理
　　——以社上海市委为例 ································ 306

对口联系基层组织
　　——以社浙江省委为例 ……………………………………… 310
绩效考核
　　——以社四川省委为例 ……………………………………… 314
政务接待
　　——以社北京市委为例 ……………………………………… 315
巡视督导工作有关事务
　　——以对社河南省委的巡视督导为例 ……………………… 318

后记 …………………………………………………………………… 325

社中央机关工作

办文

公文制发处理

机关收文处理

公文制发处理

一、发文处理基本范畴

（一）行文关系

行文关系根据隶属关系和职权范围确定，机关发文主要包括平行文和下行文。

——需要中国人民政治协商会议全国委员会（以下简称全国政协，包括其办公厅、各专门委员会）、中国共产党中央委员会统一战线工作部（以下简称中央统战部或统战部）、中华人民共和国财政部（以下简称财政部）等相关部门批准或同意的事项，或提出意见、建议等，应以社中央名义行文，适用平行文。

——向全国政协办公厅内设机构或统战部、财政部等有关部委内设司局行文，一般以社中央办公厅名义行文，适用平行文。

——向各省级组织发文，应以社中央或办公厅名义行文，适用下行文。

——不得越级行文，特殊情况需要越级行文的，应当同时抄送被越过的机关。

——机关内设部门除办公厅外一般不得对外正式行文。非指令性、需经地方组织机关同意的具体事项，经社中央分管领导同意后可以向地方组织行文，文中须注明已经社中央领导同意。

——机关部门在各自职权范围内可以向地方组织的相关部门行文。

——普发文不得向非隶属关系、非事务管理关系的机关行文（抄送、分送）。

（二）文种与格式

文种主要有10种：决议、决定、意见、通知、通报、报告、请示、批复、函、纪要。

常用的发文格式主要包括文件、信函、纪要等。

——文件格式主要包括《九三学社中央文件》《九三学社中央办公厅文件》及部门文件。

——信函格式主要包括《九三学社中央委员会》函件、《九三学社中央办公厅》函件及部门函件。

——纪要格式为《九三学社中央会议纪要》。适用于发布社的中央常务委员会会议、主席会议、主席办公会议、社中央领导班子战略研讨会、秘书长办公会及机关各部门重要会议等会议主要情况和议定事项。

（三）责任处室

——办公厅文秘处：负责把好公文的出口关，具体负责以社中央和办公厅名义行文的核稿、登记编号、印制、用印和存档等工作。

——各部门综合处：负责以本部门名义行文的核稿、登记编号、用印、存档等工作；负责对本部门起草的、以社中央和办公厅名义印发的公文进行初步审核。

——主席秘书办公室：负责将社中央名义印发的或其他需要社中央领导签发的公文呈送主席或各位专职副主席签发。

——各有关处室：根据工作分工或领导交办，负责公文起草、核稿、校对、分发等工作。

二、发文处理基本流程

发文处理程序一般包括拟稿、核稿、会签、签发、登记编号、校对、印制、盖章、分发、归档等环节。

（一）拟稿

——拟稿人接受公文起草任务。

——选择正确的文种和格式。

——按照工作任务和公文格式等有关要求起草文稿。

——依次填写发文稿纸各要素栏：主办部门、拟稿人、分机电话、拟稿时间、标题、附件，建议主送、抄送、机关发送范围。

（二）核稿

1. 核稿基本流程

——拟稿处室（办文处室）负责人对文稿进行初次核稿并签字。

——部门综合处（核稿处室）对文稿进行第二次核稿并由处室负责人签字。

——部门分管负责人对文稿进行第三次核稿并签字。

注意：以部门名义发文的核稿工作到此结束，以社中央或办公厅名义发文的核稿工作接续以下流程。

——由拟稿人将文稿送办公厅文秘处审核，文秘处对文稿进行第四次核稿并签字。

——文秘处将文稿送办公厅分管负责人审核（第五次核稿）并签字。

——文秘处将文稿送办公厅主要负责人审签。

2. 核稿要点

——行文理由是否充分，行文依据是否准确。

——内容是否符合国家法律法规和方针政策；是否准确体现机关发文意图；所提政策措施和办法是否切实可行。

——文种是否正确，格式是否规范；人名、地名、时间、数字、段落顺序等是否准确；文字、数字、计量单位和标点符号等用法是否规范。

——其他内容是否符合公文起草的有关要求。

3. 经审核后分流处理

——经审核不宜发文的公文，应当退回起草部门（处室）并说明理由。

——符合发文条件但内容须作进一步研究和修改的，由起草部门（处室）修改后重新报送。

——符合发文条件的，转入文稿签发程序。

（三）会签

涉及多个部门职权范围内的事务的发文，签发前应予会签。基本流程为：

——主办部门分管负责人审核后送有关部门会签，并明确反馈时限。涉及机关干部人事、财务经费、机关事务管理等事项，须会签办公厅。

——部门签署会签意见连同文稿退回主办部门。会签部门负责人因出差、请假等原因不能及时会签的，应授权部门相关人员代审（签）。

——主办部门汇总有关部门意见后，经会签部门负责人协商能够达成一致意见的，按照协商后的意见对文稿内容做进一步的修改；会签部门未达成一致的，应及时提请社中央领导协调，根据协调结果，对文稿内容进一步修改。

——部门内涉及多个处室职权范围的事务,也应经各处室会签。

(四)签发

1. 部门名义发文

——部门综合处核稿、部门分管负责人签字后,文稿送部门主要负责人签发。主要负责人因出差、请假不能签发的,可以委托部门其他负责人代签(须在发文稿纸上注明)。

——须经社中央领导审批签发的公文,由部门综合处送主席秘书办呈社中央分管领导签发后返主办部门办理行文。

——机关每个部门原则上只保留一种工作简报,适用部门名义行文流程签发。

——社中央主办、参政议政部承办《九三学社信息》,每期分送全国政协、中央统战部等有关部门,适用部门名义行文流程、社中央分管领导签发。

2. 办公厅名义发文

——发文文稿经办公厅分管负责人审核后,送办公厅主要负责人签发。

——重要公文由办公厅主要负责人签报社中央分管领导签发(清稿附花脸稿)。

——社中央主办、办公厅承办《九三学社中央通报》,用于社中央名义传达重要精神、通报有关情况、刊发社中央领导讲话、转发重要会议纪要等。适用办公厅名义发文流程,必要时由社中央分管领导签发。

——社中央机关主编《九三学社中央一周工作简讯》,办公厅承办,办公厅分管负责人签发。

3. 社中央名义发文

——发文文稿经办公厅分管负责人审核、办公厅主要负责人签报社中央分管领导签发。

注意：文秘处联系拟稿人发送文稿电子版，根据办公厅审核意见清稿，连同花脸稿一起送主席秘书办。

——主席秘书办呈社中央分管领导审批签发。

——社的全国代表大会、中央委员会、常务委员会、主席会议等会议通知或涉全社的重大活动、重要工作有关公文，办公厅主要负责人签报社中央分管领导签发，或呈社中央常务副主席或主席签发；社中央会议纪要（主席办公会、主席会、领导班子战略研讨会、常委会等）经秘书长、常务副主席签报主席签发。

（五）登记编号

——文秘处负责社中央或办公厅名义发文登记编号。发文文稿经社中央领导或办公厅领导签发后，安排专人取回，并在对应文种发文登记表中按顺序逐项登记发文日期（即领导签发日期）、发文编号、发送单位（包含主送单位和抄送单位）、文件标题、承办人、签发人等。

——部门名义发文的登记编号工作由部门综合处或指定处室负责。

（六）校对

校对重点：公文的文号、文字、格式、发文（制发）日期和印刷质量是否准确无误。

——文稿登记编号后，交付文印校改打印公文清样。

——"一校"：拟稿人对清样进行校对，没有异议的，在发文稿纸（挂面）"校对"栏签字，并注明印数；有异议的，与文秘处沟通，仍达不成一致意见的，提请上一级领导协调。

——"二校"：拟稿人校对后，出公文印刷清样，由文秘处专人对印刷清样进行再次校对。

——部门名义发文的校对工作由部门综合处或指定处室负责。

（七）印制

——文稿经"二校"后，按所需份数正式进行印制。

——以部门名义发文的印制工作由拟稿部门负责。

（八）盖章

严格按照国标要求用印。

——以社中央名义发文，盖"九三学社中央委员会"印章。

——以办公厅名义发文，盖"九三学社中央委员会办公厅"印章。

——以部门名义发文，盖拟稿部门印章，由拟稿部门综合处或指定处室负责。

——"三校"：公文印制盖章完毕后，文秘处/部门综合处室对公文质量进行最后审校。审核无误后进入分发流程。

（九）分发（分送范围）

由拟稿部门（办文处室）按照文件发放范围进行分发。文件分发范围如下：

——以社中央名义向中共中央或国务院领导报送的参政意见建议（直通车），主送相应领导、部门，抄送中共中央统战部。编制条形码、选择机要专递，由办公厅文秘处和机关事务管理处负责送达。

——以社中央名义向全国政协办公厅内设机构或中央统战部内设部门、其他中央或国家机关等行文，主送相应机关或部门。选择机要、快递或挂号信等方式寄发；机要文件编制条形码后经机要交换送达。

——社中央工作通报，主送社中央主席、副主席、秘书长，常委，各省、自治区、直辖市委员会。抄送中央统战部一局。机关发送各部门。根据需要分送其他有关机关、社组织其他有关人员。

——常委会会议纪要,主送社中央常委。抄送常委会列席人员,中央委员,各省、自治区、直辖市委员会,社中央机关各部门,中央统战部一局。

——主席会会议纪要,主送社中央主席、副主席、秘书长。抄送社中央常委,各省、自治区、直辖市委员会,社中央机关各部门,中央统战部一局。

——主席办公会会议纪要,主送社中央主席、副主席、秘书长。抄送社中央机关各部门,中央统战部一局。

——社中央领导班子战略研讨会纪要,主送社中央主席、副主席、秘书长。抄送社中央常委,社中央机关各部门,中央统战部一局。根据需要分送其他有关机关、社组织其他有关人员。

——社中央(办公厅)印发省级组织的文件、信函,主送各省、自治区、直辖市委员会;根据需要抄送社中央常委,社中央委员,社中央机关各部门负责人,中央统战部一局等。一些普发性、需要社的各级组织传达贯彻的文件,可以发至地市级或县级组织(基层委员会)。

——社中央印发机关局级干部职务任免事项的通知,主送社中央机关各部门(主要涉及所属有关单位的,主送相应单位);抄送各省、自治区、直辖市委员会,中央统战部一局、四局。

——社中央印发机关处级干部职务任免事项的通知,主送社中央机关各部门。

(十)归档

——社中央或办公厅名义的发文由文秘处负责立卷归档(其中财务处承办的所有发文由财务处负责立卷存档)。

——部门名义的发文由发文部门综合处室负责立卷归档。

——机关所有发文(包括发文稿纸、审签稿、正本和有关材料)

应当于年底前立卷、翌年3月底前移交档案室归档。

——个人不得保存应当归档的公文。

——没有归档和存查价值的公文,经过鉴别和部门主要负责人批准,可以定期销毁。

三、内部签报流程

(一)内部签报基本范畴

适用于机关各部门向社中央领导、部门内部处室向部门负责人请示和报告工作以及对重要事项提出处理意见的情形。作为社中央机关内部文件,只在机关内部运转、使用,不得转出。

——机关各部门负责本部门签报的办理工作。

(二)内部签报一般流程

包括拟办、审核、会签、呈送、批示、办理、归档。

1. 拟办

——经办处室按照工作分工和任务要求拟稿,填写内部签报单之经办人、分机电话、时间、呈报部门、主送领导、标题等要素。

2. 审核

——处室负责人对签报文稿进行初审并签字。

——部门综合处对签报文稿进行二审并签字。

——部门分管负责人对签报文稿进行三审并签字。

——综合处送部门主要负责人审批。

——需要呈送社中央领导审批的,部门主要负责人审签后,报社中央分管领导审批。

3. 会签

如签报事项涉及多个部门/处室的，在签报社中央领导/部门主要负责人之前，主办部门/处室要按顺序会签各相关部门/处室。

——相关部门/处室提出会签意见。

——主办部门/处室汇总修改完善签报文稿。

——凡涉及机关内部干部人事、财务经费、外事、资产管理等事项的请示，须经办公厅会签后呈社中央领导审批。

4. 呈送

——经办人（或综合处室）负责将签报送主席秘书办，由主席秘书办呈送社中央分管领导批示。

5. 批示

——分管副主席对签报事项签署批示意见。报告类签报领导圈阅表示已阅知，不表明同意签报中夹带的请示事项。请示类签报主批人应当明确签署意见，其他审批人圈阅视为同意。

——部门内部签报类同。

6. 办理

——签报经社中央主席或副主席签署批示意见后，由主席秘书办转签报主办部门和有关部门，根据领导批示办理。

注意：主要领导的重要批示，或批示涉及全社（机关）工作、有必要请其他领导知悉的，按序退（送）有关领导、办公厅负责人阅知后再按流程办理。

7. 存档

——签报办理完毕后，由承办部门负责将签报原件与有关材料一起整理归档。

四、会议审议通过材料及修改审批流程

——部门拟提请秘书长办公会议，以至提请主席办公会或其他更高级别会议审议批准的议题材料，拟办人应按内部签报流程，经部门负责人签报分管副主席审定后，由秘书长审核提交秘书长办公会或主席办公会等审议。

——提交代表大会的文件材料，应经中央全会审议通过。

——提交中央全会的，应经中央常委会议审议通过。

——提交中央常委会议的，应经中央主席会议审议通过。

——提交主席会议的，应经中央主席办公会议审议通过。

——会议原则通过并需要修改文稿（决议），属社中央各类会议审议决定的，拟稿人听从分管副主席或秘书长或列席会议的部门负责人指示；属各部门会议，听从部门负责人或相关参加会议处室负责人指示。一般由拟稿人直接旁听会议，按照会议决定修改。

——文稿修改完成后，拟稿人提请部门负责人审核，送呈秘书长或分管副主席直至常务副主席审定。

——经会议审定的材料，需要制发公文的，仍要按照相应发文流程办理发文手续。

五、发文处理基本要求

——行文应当确有必要，讲求实效，注重针对性和可操作性。

——符合有关法律、法规，方针、政策和社中央有关精神，准确体现机关发文意图。

——文种正确，格式规范。

——结构层次序数，第一层为"一、"，第二层为"（一）"，第三层为"1."，第四层为"（1）"；层次仅有两个时，第二层可以直接使用"1."。

——应尽量减少"跑签"，只有少数必须在1天内办完的公文，或急需制发的公文，在发文稿纸首行标注紧急程度并由部门主要负责人审签后方可跑签。无紧急、特殊情况，不得将公文或文稿直接呈送机关分管领导签发。

——印制公文要准确、及时、规范、安全、保密。做到文面清晰、字体适当、用纸及格式规范。

——对待特急或重要公文，应优先保证印制时间与质量。

——涉密公文应当在符合保密要求的场所印制，发送和传递秘密公文，必须采取保密措施，确保安全。利用计算机、传真机等传输秘密公文，必须采用加密装置。绝密级公文不得利用计算机、传真机传输，不得利用联网计算机处理。

（执笔人：王方立）

机关收文处理

一、平文（非涉密）收文处理规则

（一）签收（内收文）

收文责任人对重要公文应作签收处理，办理交接手续。

——外收文转交，接收公文时签写回单。

——清点、检查无误。

（二）拆封

——检查封内件是否齐全，有无错发、缺页、缺少份数等现象。

——签收回执单，将回执单退回发文单位。

——保存封皮第一次通讯机关地址、电话号码、电报挂号、邮政编码等，或将以上各项另行登记。

——检查文件日期、发文机关，不详的予以注明。

——启封后，在公文右上角盖本单位收文专用章并填写各栏。

（三）初审

1. 初审要点

——是否应当由本机关（社中央/部门/处室）办理。

——是否符合行文规则，文种及格式是否符合要求。

——文中涉及其他有关地区、组织或者部门职权范围内的事项是否已经协商、会签。

——是否符合公文起草的其他要求。

2. 经初审后分流处理

——与本机关无关的，退回发文机关。

——与本机关有关，但不符合上述行文要点要求的公文，应当及时退回发文机关并说明理由，要求改正。

——主送机关为本部门/处室，但内容与本部门/处室无关、与机关其他部门/处室有关的，也应作收文处理。

——来文主送机关指向明确、错投本单位的，直接转来文主送单位处理。

——地方组织的社讯刊物等，分送各部门阅览；有价值的图书，转图书馆收藏；数量较多的，可分发有关人员。

（四）登记

——重要公文予以登记。

——不需要办理的一般性普发公文（地方抄送）、内部简报（刊物），不予登记。

注意：首登记编号、收文时间、来文单位、文号、标题、紧急程度、主送单位、份数等，公文经手必登。公文运转各节点时间、经手人、批示及办理结果必登。

——必要时做好公文摘编、提要、数据、相关公文、背景资料准备，提交领导批处参考。

（五）分办

依据文件的性质、重要程度、涉密程度、时限要求、内容所涉及的职责范围，及机关各部门、各级工作人员的分工、有关程序、惯例，由收文处室直接分送办理。

1. 文秘处 / 总值班室

——公文主送对象指向明确、属社中央各位领导或分管领导个人分工范围、自主（自行）安排处理（会议、活动等）的，直接明示（指名）的，一般性阅知的，用分办专用章标示"请XXX主席阅（示）"，并注明日期、处室后，直接分送社中央领导。

——公文所涉部门职责分工明确、需部门阅/办的，指定的、明示的，一般性的，用分办专用章标示"请XXX部阅知/办"，并注明日期、处室后，直接送有关部门阅/办。需两个以上部门办理的，注明主办、协办部门。

——属办公厅职责范围，处室职责明确、一般性的，直接送有关处室阅知/办理。

——需要厅内各负责人阅知的，直接送阅。

——涉厅内处室、职责明确、比较重要的，需厅分管负责人阅知的，送分管负责人阅批后交有关处室阅知/办。

2. 部门综合处室

——属部门职责范围，处室职责明确、一般性的，直接送有关处室阅知/办理。

——需部门负责人阅知的，直接送阅。

——涉部内处室、职责明确、比较重要的，需要部门分管负责人阅知的，送分管负责人阅批后交有关处室阅知/办。

3. 各有关处室

——处内收文管理人员将公文送处室负责人批办、交有关人员办理。

注意：分办应有专门登记，有关责任人应同收件人履行交接手续。应据需要附《文件处理单》《文件传阅单》等随文运转。收文责任人在分流登记后，进一步做好需摘要及分办、拟办等分类，交由收文责任处长批处直接分办、批送部门（厅）分管负责人或主要负责人。

（六）拟办、批处、批办

1. 文秘处/总值班室

——涉厅内不同负责人（处室）分管（职责）需协调的，或职能不明确的，或虽主送办公厅但明确为其他部门职责范围、需批转办理、内容重要的，或其他不能判定的、需要主要负责人批办的，处室提出拟办意见，送主要负责人批阅/办。

——部门职责分工明确，但需要社中央分管领导阅知/批办的，处室应提出建议，由办公厅主要负责人提出拟办意见，签呈有关分管领导阅知/批办。

——重要的、涉及全社（全机关）的，需协调安排社中央领导出席、协调批办，均需要阅知的，或职责分工不明确（领导、部门）的，处室提出建议，由办公厅主要负责人提出拟办意见，签呈社中央秘书长（委托领导）批处/批办。

2. 部门综合处室

——涉全部门事务、各负责人均需阅知的，或部内不同负责人（处室）分管（职责）需协调的，或职能不明确的，或涉全机关但属本部门职责范围应予办理的，主送本部门但需批转其他部门办理的、内容重要的，或其他不能判定的，直接送主要负责人批阅/办。

——部门收文涉及全社事项、部门职权可以办理，但需要社中央分管领导阅知、阅示的，综合处室应提出处理建议，由部门主要负责人提出拟办意见，签呈社中央分管领导阅知/示。

——部门收文涉及以社中央名义安排或办理、决定的重要事项，或部门无权决定的，包括重要政治安排、人事、外事（出国境）事项，党和国家领导人重要批示，等等，综合处室应提出处理建议，由部门主要负责人提出拟办意见，签呈社中央分管领导批办/处，转社中央其他领导阅知/批办。

注意：有关领导/负责人长期不在机关，应授权或委托分管领导/负责人批处/批办有关收文。呈社中央领导批示公文，经由主席秘书办递交，退回原处室分办。部门负责人批办后，退综合处室分送有关处室阅办。

（七）传阅

——公文传阅方式主要包括：

（1）正传。按领导同志排序由前往后依次阅批。一般用于部署工作或者阅知类文件。

（2）倒传。按领导同志排序由后往前依次阅批。一般用于请示类文件。

（3）分传。将文件同时分送各位领导同志阅批。一般用于紧急事项或者不必依次阅批的文件。

（4）回传。将后阅批领导同志的批示件送先阅批领导同志再次阅批。一般用于后阅批领导同志有重要批示需先阅批领导同志再次阅批的文件。

——独份或少份的公文，按顺序在社中央领导，或多部门、多位工作人员之间传阅处理。

——特急件、绝密件或领导专门交代的文件，专送有关领导阅批。

注意：公文传阅不得漏传、误传和横传。主要领导的重要批示，或批示涉及全社（机关）工作、有必要请其他领导知悉的，按序退（送）有关领导、办公厅负责人阅知后再按流程办理。

（八）办理

承办单位（部门/处室/个人）按领导批办意见具体处置公文所针对的事务和问题。

——凡属承办单位职权范围内可以答复的事项，承办单位应当直接答复来文机关。

——凡涉及其他单位业务范围事项的，主办单位应当主动与有关单位协商办理。

——凡须报请上级审批的事项，承办单位应当提出处理意见或者直接代拟文稿，一并送请上级审批。

——属承办部门职责范围应办来文或领导交办的公文，承办部门（处室）应按有关规定流程办理，不得推诿、拒办甚或退文。

——重要事项办结，以至重要事项办理进展情况，及时答复来文单位，同时应按流程及时抄报批办领导。

（九）催办、督办和查办

来文批转承办单位处理后，根据轻重缓急适时催办、跟踪催办、重点催办和定期催办、督办。

——收文处室负责催办。

——承办单位部门综合处室负责督办。

——涉及多部门事项，主办部门协商有关部门负责办理；如不能达成一致意见，应及时提请批办领导协调处理。

（十）归档

重要公文办结后应妥善保管，于年底前立卷、翌年初移交档案室归档。

二、机要（涉密）收文处理规则

（一）机关所涉机要文件主要来源

涉密文件、按照机要文件渠道接收管理的内部文件资料等：中共中央、国务院文件，中办、国办文件，新华社国内动态清样、参考清样，统战部、政协、人大有关文件、理论动态、内部简报，及其他有关部门送达本机关的涉密公文、资料等。

（二）责任处室

文秘处：负责机要文件收文处理、发至地师级以上公文的传阅管理。

部门综合处：负责发至县团级及以下涉密公文的传阅管理。

（三）签收、登记

同一般公文收文管理。根据来文份数和送阅需要，在机要文件上加盖收文印章和阅件印章，并注明来件份数和登记号。

——来文份数为3份及以下的，在其中1份盖机要传阅章，其余存档。

——来文份数为5份及以上的，在其中4份（统战部来文需5份）盖主席机要专阅印章，其余存档。

——国内动态清样、参考清样、理论动态、党风廉政建设，其他阅知性涉密文件、内部简报，盖领导阅件印章。

（四）送阅

——按照公文限定阅知行政级别，分送社中央主席、专职副主席、机关局级干部、处级干部传阅。

——社中央领导阅后，文秘处负责将地师级干部应阅知文件送机关局级干部传阅；须县处级干部阅知的文件，按照机关序列，送各部门综合处负责传阅。

——其他部门所发涉密公文，根据公文所涉本机关职责范围、分工、办理要求等情况，依照一般收文处理流程、规则，分送有关人员阅知/批办。

——根据领导批示要求范围传达、送阅有关文件。

——局处级干部阅读文件后，在文件传阅单签署姓名和阅读时间。

——党和国家领导人重要批示，送主席、专职副主席传阅后，交参政议政部阅存。收文时电话告知统战部一局，同时按机要文件管理复制一份送一局（加盖"九三中央复印件"印戳）。

注意：阅件人需尽快阅览、阅后及时归还。阅件人离开办公室时，未及阅读、归还的文件，应随时放置保密文件柜保存，不得随意放置、将文件带离机关。个人不得随意转借不相关他人阅览。个人不得横传其他阅件人。严格机要文件签收传阅手续，随时掌握文件走向。应定期按程序送指定部门清退销毁；不要求清退的，按照规定存档。

（执笔人：陈晴）

附图：机关收文处理流程图

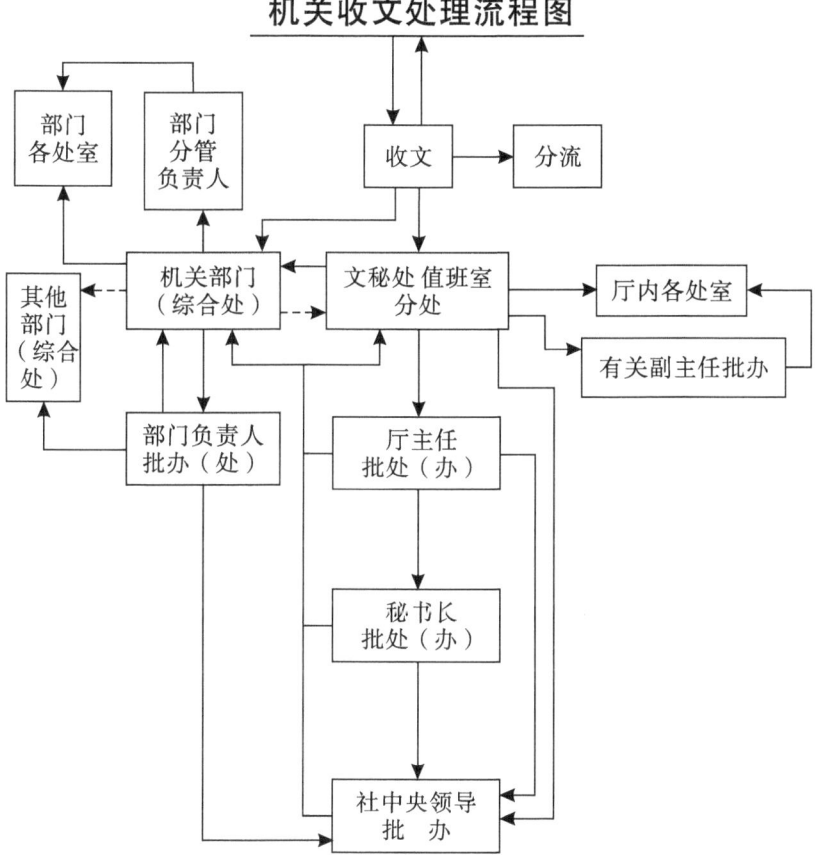

社中央机关工作

办会

全国代表大会
中央委员会全体（或扩大）会议
中央常务委员会会议（主题常委会）
主席会议
主席办公会议
社中央战略研讨会
理论学习中心组集中学习会议
机关工作协调会议
庆祝大会（活动）
全国机关建设工作会议
两会（全国政协会议九三界别〈组〉）

全国代表大会

一、举行会议有关事项依据

《九三学社章程》第十九、二十、二十二条：

——社的全国代表大会每五年举行一次，由中央委员会召集。

——必要时可提前或延期举行。

——全国代表大会的规模及代表产生办法，由中央常务委员会决定。

——代表大会选举主席团主持会议。

——社的全国代表大会的职权是：……（四）选举中央委员会。

——中央委员会在全国代表大会闭会期间领导全社工作，其职权是：……（四）选举中央委员会主席、副主席、常务委员，组成常务委员会。（五）决定召开全国代表大会。

《关于九三学社中央2012年换届工作的意见》五（四）：

1.第十三届中央委员会第一次全体会议由第十次全国代表大会常务主席团召集，推选会议主持人主持会议。……5.中央委员会秘书长由第十三届中央主席会议提名，第十三届中央常务委员会审议任命。（届时依照新的换届工作意见）

《九三学社中央监督委员会工作条例》第十条：

——中央监督委员会的组成人员和产生程序。社中央监督委员会设主任1名、副主任1名、委员若干人，规模一般7至11人。中央监督委员会组成人员一般由主席会议从中央委员中提名，提请中央委员会表决产生。每届任期与中央委员会相同。

——中央监督委员会下设办公室，与组织部合署办公，承办日常事务。

二、主要内容

（1）听取和审议中央委员会的报告。

（2）修改社的章程。

（3）选举中央委员会。

三、有关文件材料批准（审议通过）权限规定流程

1. 会议文件

部门（筹备工作组）→分管副主席（秘书长）→主席办公会→主席会（换届工作领导小组）→常委会→全会→（大会预备会·大会秘书处→）大会主席团→大会

——中央委员候选人：候选人初步人选名单→常委会审议→候选人预备人选名单→征求意见→常委会审议→候选人建议名单→大会主席团审议通过→大会酝酿审议→候选人名单→大会选举

——会议日程：由负责召集会议的委员会会议审定（仿全国政协）

2. 邀请嘉宾名单、主持人工作稿、报名请假情况

办公厅（大会秘书组）→分管副主席（大会秘书长）→常务副主席（大会常务主席）→主席办公会

3. 文件签发（印）、参阅资料

办公厅（大会秘书组）→分管副主席（大会秘书长）→常务副主席（大会常务主席）

4. 会议手册（日程安排方案）、有关情况说明、工作人员守则、随团工作人员职责

部门（办公厅）→分管副主席（秘书长、大会秘书处）

5. 中共中央贺词

研究室（文件起草组）→分管副主席（秘书长）→常务副主席→主席→中央统战部

6. 民主党派中央和全国工商联贺词

研究室（文件起草组）→分管副主席（秘书长）→常务副主席→主席→征求各党派工商联意见→发言人

7. 大会开幕闭幕词、致敬信

研究室（文件起草组）→分管副主席（秘书长）→常务副主席→主席（根据需要）

四、重点工作、分工及时间段

（一）准备成立大会筹备工作机构

会前1年又2个月左右，文秘处、组织处负责。主要事项：

（1）根据社中央领导指示，拟定代表大会筹备工作方案，提出成立大会筹备机构建议（社中央换届工作领导小组，下设组织工作组、社章修改组、文件起草组、会务组，成员及职责），列出主要工作时间表；修改完善有关换届工作文件（关于设立代表大会主席团、常务主席团、大会工作机构，中央委员及监督委员会委员候选人提名办法、代表产生办法及名额、一中全会选举事宜等）。

（2）按流程提交近期常委会议审议决定。

（3）各部门起草有关工作情况说明。

注：此前1个月左右召开社务工作会，部署换届工作。

（二）印发有关文件及筹备工作方案

常委会做出决定后，文秘处负责。主要事项：

文件印发省级组织、社中央机关各部门，各有关机构。

（三）启动各项筹备工作

各工作组负责。主要事项：

（1）组织工作组。提出中央委员会委员、常委、主席、副主席、秘书长及中央监督委员会委员、主任、副主任候选人名单，人选简介；提出大会主席团成员、常务主席团成员、各小组召集人建议名单；关于人选提出情况的说明；提出大会副秘书长人选和秘书处工作机构人选；组织代表资格审查，拟定参加会议人员范围，准备大会有关选举工作。

（2）社章修改组。修改社章。起草章程修正案草案、关于章程修改的说明及其决议。

（3）文件起草组。起草大会报告、报告起草情况的说明，大会开、闭幕词，各民主党派中央、全国工商联贺词，给老同志的致敬信，大会期间领导讲话，代表大会决议等文件。

（4）会务组。联系安排有关会务、会议膳宿和交通事项。

（四）筹备召开"换届专题"常委会（扩大）

会前 2 个月—1 个半月，文秘处负责。主要事项：

（1）会同有关工作组落实换届准备工作阶段性文件，按流程提交常委会：

——社章修正案、代表大会报告（征求意见稿）、中央委员会及监督委员会换届工作意见（补充内容）。

——经审查提出代表名单，中央委员会委员候选人初步人选、监督委员会组成人员初步人选名单及人选简历。

——拟订代表大会议程日程、召开中央委员会全体会议的决定、召开全国代表大会的建议。

——拟订大会会务工作方案，提出秘书处机构、职责分工、成员名单（秘书、文件起草、组织选举、信息简报、宣传报道、文艺活动、后勤保障组），主要会务工作时间表，拟订工作人员守则、随团工作人员职责。

（2）明确督促落实涉及上述文件相关准备工作情况说明材料、会议宾馆。

（常委会其他筹备及会务工作流程略）

（五）制发会议通知、邀请函，启动会务工作

"换届专题"常委会会后，文秘处负责。主要事项：

——通知明确参会要求、报名汇总（请假原因）、接站安排、联系方式等，纸质印发、网站发布。

——按流程审定拟邀请单位、嘉宾名单，发出邀请。

——会务工作方案印发大会秘书处各组，召开动员会议。

（六）落实会务工作各事项

1. 会前1个半月—1个月，各工作组负责。主要事项：

（1）督促提醒有关工作组准备的有关文件、说明、时限。

（2）修改补充会议筹备情况及有关文件说明、简历、大会日程草案等。

（3）各组明确具体职责分工、制定具体工作时间表。

（4）筹备召开代表大会前的中央常委会、全会（会议具体流程略）。按流程提交常委会议有关文件：

——代表大会议程（草案）和日程（草案）

——代表大会报告（草案）、社章修正案（草案）

——关于九三学社中央换届工作的意见补充内容

——大会主席团、常务主席团、秘书长及中央委员会委员候选人、监督委员会委员、主任、副主任人选建议名单，大会选举办法（草案）

提交全会有关文件：

——关于召开全国代表大会的决定（草案）、代表大会报告（草案）、社章修正案（草案）

2. 会前1个月—2周，各工作组负责。具体事项：

（1）与各省级组织、单位联系，落实参会人员、嘉宾名单。

（2）修改补充大会具体日程安排方案、准备有关文件。

（3）征求意见、审定贺词。

3. 会前2周—半周，各工作组负责。具体事项：

后勤组——

（1）落实列席会议开幕式老领导。

（2）联系商请会议医疗保障事项。

（3）订购会议有关用品（袋子、笔记本、签字笔等）。

（4）落实各个会议会场，分配参会人员房间。

（5）落实代表大会会标、标语（其他活动）。

（6）落实会议音响设备及其他特需设备。

（7）落实参会人员到、离时间并制表，制定接送站方案，落实会议用车。

（8）制作签到软件及出席人员签到表（财务报销用）。

秘书组——

（1）汇总会议文件，按流程审批后，交付印厂。

（2）汇总核实报名、请假情况，核查并注明请假原因，按流程送审。确认并通知有关特邀人员，送达请柬、车证。

（3）起草各个大会主持人工作稿（选举有关主持稿会同组织选举组），按流程审定后及早分送各主持人。

（4）修改有关情况说明文稿。

（5）编制会议手册（含会议须知、日程安排、分组名单、与会人员坐席及住房分配、各组职责及负责人、选举注意事项、工作人员守则、随团工作人员职责等），按流程送审、付印。

（6）编制工作运行手册，明确秘书组各小组人员具体分工、各次会议各节点所有具体事务要点、注意事项及要求、联系方式，分发成员。

（7）制作证件（出席、列席、工作证等，备若干空白证），核对、按省分装。（按宾馆要求留备会议通知、请柬、车证、会议证件以供门卫查证）

（8）制作桌签（主席台、全会、主席会、常委会各1套）、核查分装。编制全会座次表。

组织选举组——

（1）编制大会代表名单；编制中央委员、常委和主席、副主席候选人，秘书长，中央监督委员会委员、副主任、主任人选建议名单和简历。

（2）起草一中全会选举办法（草案）及与选举程序有关的说明稿、大会筹备情况报告、会务安排说明，会同秘书组起草与选举程序有关的主持稿；拟订选举注意事项。

（3）设计、印制、分封选票（一式两套）、准备票箱。

（4）准备大会分组和召集人名单。

（5）编制代表大会、一中全会各次选举有关会议程序性文件、事项、人员分工等备忘录。

（6）设计制作代表大会、一中全会选举会议各次人数清点报告单，选票发出、收回情况报告单，计票结果记录单。

（7）拟订选举计票人工作程序（包括清点人数、分发选票、引导投票、清点选票、场外计票及各环节人员分工）、监票人工作程序（包括清点人数、发票、投票、清点选票、计票、报告计票结果各环节责任）、投票引导路线示意图；制定选举突发情况预案。

（8）选举工作预培训。

其他各工作组自行安排

（七）重点保障现场会务工作

报到前1天—离会，各工作组负责。主要事项：

大会预备会主要内容——

听取大会筹备工作的情况汇报，审议通过大会议程和日程，选举大会主席团、秘书长。

大会主席团第一次会议主要内容——

推举大会常务主席团，通过大会副秘书长、小组召集人名单，确定大会秘书处工作机构、职责及负责人。

（其他会议主要内容略）

1. 秘书组——

检查上会所需文印设备、办公用品、文件、材料、证件、桌签等。

通知机关人员旁听开幕、闭幕、报告会。

▲报到小组

（1）报到前1天，部分工作人员入住宾馆，分装文件材料。

（2）核实有关领导、特邀人员及其他参会人员到会时间，提前做好接待准备。

（3）热情迎接，签到、分发文件材料，引领登记房卡，提醒有关事项。

（4）统计报到人数。

（5）协助安排其他人员食宿问题等。

（6）与宾馆协商安排好门卫查验放行团体报到入门问题。

▲会场小组

（1）大会前一天，检查会标是否正确，会场坐席排布是否符合要求，话筒、投影仪、音响、视频歌曲播放等设备是否正常等，确定是否需要设独立讲台。

（2）每次大会前，确认领导出席情况、排布坐席。

（3）根据会议日程，提前布置会场，按照座次表正确摆放桌签、文件。

（4）引导参会人员入场就座，会前一小时前再次确认出席会议人员名单。

（5）会前清点人数（选举会议由选举组负责），及时以书面形式正式报告主持人。

▲文秘小组

（1）清查、修改、送签、印制各次会议文件、材料。

（2）修改、提交、备份主持人工作稿、有关情况说明稿，提醒发言人，备送有关书面材料、文件。

（3）做好会议记录、起草会议纪要。

（4）整理有关文件材料归档（包括大会录音、录像资料）。

（5）提前到会场，再次核对主席台桌签顺序、文件份数、主持人工作稿、宣读的有关文件等是否正确。

（6）通过各种方式（短信、纸质、小组秘书、大屏幕等），及时提醒代表会议日程安排。

注意：核对主席台桌签顺序、文件份数、主持人工作稿，提前提醒宣读有关文件。

▲代表团秘书小组

（1）代表团会前布置会场（桌签、文件）、通报有关情况，分发有关会议文件材料，传达大会秘书处有关通知安排。

（2）代表团做好会议记录、整理讨论要点，及时汇总讨论情况提交代表团召集人向主席团会议汇报（会同简报组）。

（3）落实本团讨论情况汇报人名单。

（4）及时提醒本团推举监票人名单。

▲接待小组

会议开始前一个半小时，接待组到位，一对一做好迎接联络接待主席和老领导、特邀人员，引导至休息室。会议开始前10分钟引导嘉宾入场就座。做好会场服务。

▲音响小组

安排调试会场投影、视频播放、会场音响效果等，安排每次大会会场录音等。

▲报告小组

做好报告人嘉宾接送、引导，调试电脑、投影PPT效果，签领讲课费（协助宣传组）。

2. **组织选举组**——

（1）提出总监票人、监票人及计票工作人员建议名单。

（2）工作人员现场演练选举各个程序。

（3）会同秘书组、后勤组衔接、安排落实有关文件宣读人员、音响设备等。协同秘书组分发选举有关文件。

（4）设置票箱，按程序组织人数清点、发票、投票、清点选票、计票、报告计票结果等选举各环节事务。

（5）协同做好大会预备会、主席团会议、选举会场组织和相关准备。

（6）听取人事安排讨论中的意见并负责向主席团汇报情况。

3. **信息简报组**——

（1）分组会记录，编辑大会简报。

（2）向大会秘书处负责人提供小组讨论情况的汇总材料。

（3）收集反映大会信息。

4. **宣传报道组**——

（1）邀请、接待新闻记者及相关人员。

（2）负责大会新闻稿件的撰、编、发。

（3）落实大会学习有关精神报告会报告人的接送等有关事宜。

（4）负责大会摄影、录像及光盘制作。

其他各工作组自行安排

（一中全会具体会务流程略）

（八）会后总结工作

会后1—3周，各工作组负责。主要事项：

（1）整理归档（包括会议通知、议程、日程、出席人员名单、领导讲话、主持词、工作报告、会议通过的文件、决议、决定、大会记录、小组讨论记录等）。

（2）结算报销会议有关费用。

（3）对分组讨论中就社中央机关工作提出的建议进行汇总整理，按流程报社中央领导审批。印送有关部门落实。

（4）整理主席讲话，按流程审定后印发工作通报。

（5）起草会议纪要按流程送签后印发。

（6）召开总结会，对会务工作进行及时总结，改进不足。

五、代表大会主要文件材料清单（以第十次代表大会为例）

之一：全国代表大会议程（草案）

之二：全国代表大会日程（草案）

之三：主席团建议名单

之四：秘书长建议名单

之五：常务主席团建议名单

之六：副秘书长建议名单

之七：大会秘书处机构、职责及负责人

之八：代表大会开幕讲话

之九：中共中央贺词

之十：各党派中央、工商联贺词

之十一：全国代表大会报告

之十二：九三学社章程修正案（草案）

之十三：《九三学社章程修正案》的说明

之十四：关于社章修正案的决议

之十五：关于代表大会报告的决议

之十六：选举办法

之十七：中央委员会委员候选人建议名单

之十八：总监票人、监票人建议名单

之十九：计票人员名单

之二十：给离任同志的致敬信

之二十一：全国代表大会闭幕词

全国代表大会代表名册

中央委员会委员候选人简历

选举注意事项

有关学习材料汇编

各省级组织代表大会报告汇编

全国代表大会会议手册

（执笔人：张魁林）

中央委员会全体（或扩大）会议

一、举行会议有关事项依据

《九三学社章程》：

——中央委员会全体会议原则上每年举行一次，由中央常务委员会召集（第二十一条）。

——经社的各级委员会全体会议或其常务委员会会议决定，可召开代表会议或全体委员扩大会议（第十三条）。

《九三学社中央委员会工作规则》：

——中央委员会全体会议或扩大会议必须有三分之二以上组成人员出席方能举行。表决时，赞成票超过出席人员二分之一为通过或当选。

——中央委员会全体会议召开的议程、日程、扩大人员范围由中央常务委员会提出建议，中央委员会全体会议决定。

——不担任中央委员的各省级组织专职副主委、秘书长，社中央机关各部门负责人列席会议，有关人员根据需要列席会议。

——因故不能出席会议，应事先向中央请假。

——社中央机关应在中央委员会全体会议举行之前10天，将会议通知及会议审议的有关文件稿书面通知与会人员。

——经全会审议通过的全会决议经常务副主席审核后送主席签发，或由主席授权常务副主席签发。

注意：地方各级委员会举行全体（或扩大）会议有关事项依本级组织有关规则（或参照上述）。

二、主要内容

（1）学习贯彻中共中央全会精神

（2）听取并审议常委会工作报告

（3）听取中央监督委员会工作报告（书面）

（4）听取中央委员建议案办理工作情况的报告（书面）

（5）决定扩大人员范围

（6）增选中央成员

（7）其他事项

三、有关文件材料批准（审议通过）权限规定流程

1. 会议文件

部门→分管副主席（秘书长）→主席办公会→主席会→常委会→全会

2. 工作方案、主持人工作稿、报名请假情况

办公厅→分管副主席（秘书长）→常务副主席

3. 文件签发（印）、参阅资料

办公厅→分管副主席（秘书长）→常务副主席

4. 会议手册（全会日程安排方案）、有关情况说明

部门（办公厅）→分管副主席（秘书长）

四、重点工作、分工及时间段

（一）决定召开会议的准备

会前2个月，文秘处、机关事务处负责。主要事项：

（1）征询社中央领导意见，拟定会议时间、地点，提出主要内容及大体日程安排、参加人员范围等建议。

（2）草拟召开会议决定，按流程提交常委会议决定。

（3）起草会议准备情况说明。

注意：应在会前2个月左右的常委会议做出决定。会议时间依从主要领导日程。

（二）制发会议通知

常委会做出决定后，文秘处负责。主要事项：

（1）明确会议时间、地点、主要内容、参会人员、报名请假手续、建议案准备、接送站安排、联系方式及有关要求等。

（2）各省负责通知所在省委员并汇总报名请假情况。

注意：短信提示委员。分送机关部门及相关处室。

（三）制定筹备工作方案

会前2个月—1个半月，文秘处负责。主要事项：

（1）汇集各项会务工作事项，制定工作时间表。

（2）征询各部门意见，提出须会议审议通过的文件、事项及须提交会议的有关资料清单。

（3）拟定会务工作职责分工，提出各工作组负责人及人员名单建议。

（4）方案经有关部门会签后，按流程报社中央领导审批。

（5）方案印送各工作组。

注意：与此前的常委会、主席会、主席办公会节奏衔接。

（四）启动各项会务工作

会前1个半月—1个月，各工作组负责。主要事项：

（1）秘书长办公会听取各工作组汇报会务准备情况，协调布置有关工作。

（2）督促提醒须有关部门准备的有关文件及时限。

——拟订会议议程、日程草案

——起草修改常委会、监督委员会工作报告草案

——起草有关决议草案

——拟订有关决定、办法、建议名单草案

——其他文件事项

（3）汇总委员建议案办理情况、起草报告、提出审查工作组建议名单，按内部签报流程报批。

（4）请领导提出或工作组建议，联系落实科学报告会（和辅导报告）报告人，报告人个人简况、报告题目及内容要点。

（5）修改补充会议筹备情况说明。

注意：一应文件须在主席办公会之前备妥。及早落实报告人，以充足时间准备科学报告内容。

（五）落实提交主席办公会各事项

会前1个月—2周，各工作组负责。具体事项：

（1）与各省级组织联系，落实参会人员名单。

（2）草拟全会具体日程安排方案（列出其他各类会议活动），提出大会主持人、发言人（作情况说明、宣读文件等）建议。

（3）小组编组、提出各小组召集人建议名单。

（4）督促落实有关文件、事项，按签报流程提交主席办公会。

（5）提醒准备有关情况说明文稿。

（6）主席办公会研究审议有关文件、事项。

（7）订购中共中央全会决定（决议）单行本。

注意：以主席办公会召开时间倒逼文件事项落实。动态组合各小组组成省份。

（六）完成各具体筹备工作事务

会前2周—半周，各工作组负责。具体事项：

秘书长办公会听取各工作组汇报筹备情况。

1.后勤组——

（1）落实出席会议开幕式老领导。

（2）联系商请会议医疗保障事项。

（3）订购会议有关用品（袋子、笔记本、签字笔等）。

（4）落实主席会、常委会、全会、小组及其他会议会场，分配参会人员房间。

（5）落实常委会、全会会标（其他活动）。

（6）落实会议音响设备及其他特需设备。

（7）落实参会人员到、离时间并制表，制定接送站方案，落实会议用车。

（8）制作签到软件及出席人员签到表（财务报销用）。

2.秘书组——

（1）汇总会议文件，按流程审批后，交付印厂。

（2）汇总核实全会、常委会报名、请假情况，核查并注明请假原因，按流程送审。确认并通知有关特邀人员。

（3）起草主席会、常委会、全会各大会主持人工作稿，按流程审定后及早分送各主持人。

（4）修改有关情况说明文稿。

（5）编制会议手册（含会议须知、日程安排、分组名单、与会人员及住房分配、各组职责及负责人等），按流程送审、付印。

（6）制定副主席参加小组讨论分组建议名单，主席会送各位主席参考。

（7）确认建议案审查工作组成员、通知全组成员参加会议（时间）。

（8）编制工作运行手册，明确秘书组各小组人员具体分工，分发成员。建议领导召开会务（秘书组）工作动员会，布置任务。

（9）制作证件（出席、列席、工作证等，备若干空白证），核对、按省分装。

（10）制作桌签（全会、小组、主席会、常委会各1套），核查分装。编制全会座次表。

其他各工作组自行安排

（七）重点保障现场会务工作

报到前1天—离会，各工作组负责。主要事项：

1. 会前提醒——

（1）检查上会所需文印设备、办公用品、文件、材料、证件、桌签等。

（2）查看常委抵达时间，短信再次提醒常委参会时间。

（3）通知机关人员旁听开幕、闭幕、科学报告会。

2. 报到小组——

（1）报到前1天，部分工作人员入住宾馆，分装文件材料。

（2）核实有关领导、特邀人员及其他参会人员到会时间，提前做好接待准备。

（3）热情迎接，签到、分发文件材料，引领登记房卡，提醒有关事项。

（4）建议案接收登记。

（5）统计报到人数（常委、中委）。

（6）协助安排其他人员食宿问题等。

3. 会场小组——

（1）检查会标是否正确，会场坐席排布是否符合要求，话筒、投影仪等设备是否正常等。

（2）每次大会前，确认领导出席情况、排布坐席，确定是否需要独立讲台。

（3）根据会议日程，提前摆放桌签、文件。

（4）引导参会人员入场就座。

（5）会前清点人数，及时以书面形式正式报告主持人。

4. 建议案小组——

汇总中央委员建议案，提示工作组成员参加会议审查提案，做好会议记录，起草纪要、审查情况报告及有关建议，会后及时办理交办事项。

5. 文秘小组——

（1）清查、修改、送签、印制各次会议文件、材料。

（2）修改、提交、备份主持人工作稿、有关情况说明稿，提醒发言人，备送有关书面材料、文件。

（3）做好会议记录、起草会议纪要。

（4）整理有关文件材料归档（包括大会录音、录像资料）。

6. 分组秘书小组——

（1）小组会前布置会场（桌签、文件）、通报有关情况。

（2）做好小组会议记录、整理讨论要点（会后一周提交）。

（3）落实小组讨论情况汇报人名单。

7. 接待小组——

每次大会前，一对一联络接待主席、副主席和老领导、特邀人员，协助安排座次，引导入场，做好会场服务。

8. 音响小组——

安排调试会场投影、视频播放、会场音响效果等，安排每次大会会场录音等。

9. 科学报告小组——

做好报告人嘉宾接送、引导，调试电脑、投影PPT效果，签领讲课费。

其他各工作组自行安排

注意：核对主席台桌签顺序、文件份数、主持人工作稿，提前提醒宣读有关文件。

（八）会后总结工作

会后1—3周，各工作组负责。主要事项：

（1）整理归档（包括会议通知、议程、日程、出席人员名单、领导讲话、主持词、工作报告、会议通过的文件、决议、决定、大会记录、小组讨论记录等）。

（2）结算报销会议有关费用。

（3）交办建议案。按照中央委员建议案内容分配至社中央机关有关部门负责办理并答复。

（4）对分组讨论中就社中央机关工作提出的建议进行汇总整理，

按流程报社中央领导审批。印送有关部门落实。

（5）整理主席讲话，按流程审定后印发工作通报。

（6）起草会议纪要按流程送签后印发。

（7）召开总结会，对会务工作进行及时总结，改进不足。

附：九三学社第十三届中央委员会第四次全体（扩大）会议秘书组工作运行手册

九三学社第十三届中央委员会第四次全体（扩大）会议秘书组工作运行手册

一、主要时段工作内容及分工

12月3日（星期四）

1. 核对、分装桌签

（***、***负责，秘书组有关人员协助）

全会、常委会、小组会；主席台（主席、副主席、老领导）；主持人、报告人；出席人员、列席人员、工作人员、媒体记者、排号、领奖区（4个，两排）

2. 核对分装证件

（***、***负责，秘书组有关人员协助）

出席、列席、工作人员（缺、错，下午通知印厂重做）

3. 领取科学报告会报告人劳务费

（***负责）

12月4日（星期五）

1. 召开动员会，秘书组碰头分工

（*** 安排，*** 负责通知，秘书组全体人员参加）

分发工作运行手册，印制30份

2. 送审主席会、常委会、全会主持词

（***、*** 负责）

3. 参会人员名单交财务处、综合处

制作报到软件数据（*** 负责）、签到表（*** 负责）

4. 旁听会议通知安排（* 负责）**

通知机关不上会的其他人员、退休社员等旁听开、闭幕会，科学报告会

5. 下午送交印厂文件（8件，除会议手册外各400份）

（*** 负责核查，***、*** 协助）

※《会议手册》（430份）

※ 全会文件目录

※ 选举注意事项（会议资料1）

※ 表彰优秀组织和优秀个人的决定（会议资料2）

※ 表彰参政议政工作先进集体和先进个人的决定（会议资料4）

※ 表彰九三楷模的决定（会议资料5）

之一：全体会议议程（草案）

之二：全体会议日程（草案）

12月7日（星期一）

1. **汇总常委会出席情况、查看常委报到时间、再次发短信提醒常委会时间**（***负责）

▲出一本报到专用的会议手册，将出席、列席人员按各省汇总排列

2. **机关自行印制文件并带上会**（***负责）

（1）开幕会座次表（400份）

（2）主席会文件（20份）（***负责核查）

（3）常委会文件（60份）（***负责核查）

3. **检查核对上会设备、文件、材料**（***负责，3点左右装车）

（1）速印机、传真、电脑、文具

（2）打印纸、发文纸、签报单、中央中办文函纸

（3）常委会、主席会文件、座次表

（4）文件袋、笔记本、笔

（5）印章（含电子版登记表）

（6）记录纸、信封

（7）录音笔、投影仪激光笔

（8）桌签

（9）委员建议案登记汇总表

（10）《中共中央关于制定国民经济和社会发展第十三个五年规划的建议》单行本

4. **跟车前往铁道大厦**（***负责）

（1）文印设备，主席会常委会文件、桌签等：北楼2218房间

（2）装袋材料等：南楼2层4号会议室

笔记本、笔、《中共中央关于制定国民经济和社会发展第十三个五年规划的建议》单行本、开幕式座次表

5. 4:00–5:00，接收、核对外来资料（***、*** 负责）

※《九三学社七十年》（画册）、邮折

※《会议手册》（430份）

※ 全会文件目录

※ 选举注意事项（会议资料1）

※ 表彰优秀组织和优秀个人的决定（会议资料2）

※ 表彰参政议政工作先进集体和先进个人的决定（会议资料4）

※ 表彰九三楷模的决定（会议资料5）

之一：全体会议议程（草案）

之二：全体会议日程（草案）

6. 18:00 前，秘书组部分人员抵达铁道大厦

（名单：***、***……）

7. 19:00，装袋（共9件）（***、*** 负责，秘书组已上会人员参加）

会议手册、笔记本、笔、《中共中央关于制定国民经济和社会发展第十三个五年规划的建议》单行本、《九三学社七十年》（画册）、邮折、全会文件目录、选举注意事项、开幕式座次表。

12月8日（星期二）

1. 全天报到（***、*** 负责，秘书组全体人员参加）

一组组长：*** 成员：***、***

二组组长：*** 成员：***、***

三组组长：*** 成员：***、***

三个组轮流值班

（1）签到、统计报到人数（常委、中委）

（2）发文件袋、房卡

（3）协助安排非会议人员食宿问题

（4）委员建议案接收登记（电子、纸质版，可交文印室，安排人员）

（5）提醒未提供返程信息的通知登记返程信息；全会期间请假事项

2. 14:00-14:30，布置主席会会场

16:00，第十五次主席会议

（***、***负责会议服务）

（1）摆放桌签、文件

（2）会议记录

（3）通知文件组记录关于工作报告的修改意见

（4）会后收桌签

3. 14:30-16:30，**布置常委会会场**

（***、***负责，秘书组其他人员协助）

（1）检查会标

（2）摆放桌签：主席台、出席、列席

（3）摆放文件：清单、之一至十三

（4）安排会场录音，与宣传组联系照相

（5）要求无线话筒3个

（6）与文件组联系记录关于报告的修改意见

4. 17:30，**第十三次常委会议**

（1）主持词摆放；清点人数并报告主持人（***负责）

（2）将全会各次大会主持词交相关主席（***负责）

（3）会议记录（***负责）

（4）会后收桌签

5. **小组召集人会议**

6. 8日晚常委会后送印厂（告知9日11点前收，400份）

（***负责核查，***、***协助）

之三：扩大人员范围的决定（草案）

之四：免去王正刚中央委员职务的决定（草案）

之五：常委会工作报告（视常委会是否有改动）

之七：三中全会委员建议案办理工作情况的报告

之九：中央委员候选人建议名单

之十：中央委员选举办法

※ 表彰信息工作先进单位和先进个人的决定（会议资料3）

7. 布置科学报告会会场

（1）联系科学报告会报告人提前拷贝报告PPT（***负责）

（2）核查电脑、会场投影仪、录音与音响效果，主席台两侧设投影屏幕（***负责）

（3）主席台设讲桌、主持桌，摆放报告人、主持人桌签；台下第一排前设一排领导席，摆放主席桌签；会场不摆放桌签（***负责）

12月9日（星期三）

上　午

1. 会前主席和社中央老领导接待联络

（***负责，***、***协助）

2. 主持词备用（*负责）**

科学报告会会议记录

（***负责）

3. 向会场服务员要求4个无线话筒

（***负责）

提问环节传递无线话筒

（***、***、***、*** 负责）

4. 11:00，接收 8 日晚送印的 7 件文件

（*** 负责）

之三、之四、之五、之七、之九、之十、信息表彰决定

5. 联络接待科学报告会报告人，报告人讲课费签收

（*** 负责）

下　午

　　1. 午饭后各小组秘书领取小组桌签、记录纸，告知小组秘书主要工作内容事项

（*** 负责）

2. 午饭后布置开幕会会场

摆放桌签及文件之一、之二、之三、之五、之七；

之九、之十文件带到会场暂不摆放

（***、*** 负责，秘书组全体人员参加）

3. 13:00，各小组秘书布置下午小组讨论会场

第一组：***、*** 负责

第二组：***、*** 负责

第三组：***、*** 负责

第四组：***、*** 负责

第五组：***、*** 负责

第六组：***、*** 负责

第七组：***、*** 负责

第八组：***、*** 负责

4. 会前主席、老领导接待联络

(***、*** 负责，秘书组其他人员协助)

5. 会场门口引导参会人员入场（备部分座次表）

(***、*** 负责，***、*** 参加)

6. 再次检查主席台桌签、文件摆放顺序

7. 会议人数清点并报告主持人

(*** 负责)

8. 开幕会会议记录

(*** 负责)

9. 会议后半程分发文件之四、之九、之十

主席台：*** 负责

会　　场：*** 负责准备文件，***、***、***、***、***、***、***、*** 每人分发一排

10. 会后收桌签

(***、***、*** 负责)

11. 16:30，小组讨论

（1）会议记录：

第一组：***、*** 负责

第二组：***、*** 负责

第三组：***、*** 负责

第四组：***、*** 负责

第五组：***、*** 负责

第六组：***、*** 负责

第七组：***、*** 负责

第八组：***、*** 负责

（2）统计监票人：*** 负责

（3）统计十六次主席会汇报人：*** 负责

12. 17:30，布置主席会会场

18:00，第十六次主席会

(***、*** 负责)

13. 十六次主席会后送印厂（告知 10 日 11 点前收，400 份）

(*** 负责核查，***、*** 协助)

之十：中央委员选举办法（注意十六次主席会是否有改动）

之十一：选举中委总监票人、监票人建议名单

之十二：常委候选人建议名单（注意简历增加中委身份）

之十三：常委选举办法

之四：免去中委的决定（草案）（注意十六次主席会是否有改动）

晚　　上

1. 19:30，全会建议案审查工作组全体会议

(***、*** 负责)

2. 社中央监督委员会全体会议

(***、*** 负责)

3. 监督委员会全体会后送印厂（告知 10 日晚 19:00 前收）

(***、*** 负责)

之八：监督委员会 2015 年工作报告

12 月 10 日（星期四）

上　　午

1. 早饭后，各小组秘书领取文件之六，讨论会场发放

2. 8:30，小组讨论

第一组：***、*** 负责

第二组：***、*** 负责

第三组：***、*** 负责

第四组：***、*** 负责

第五组：***、*** 负责

第六组：***、*** 负责

第七组：***、*** 负责

第八组：***、*** 负责

3. 11:00，接收、核对 9 日晚送印的 5 件文件

（***、*** 负责）

之十、之十一、之十二、之十三、之四

下　午

1. 午饭后布置第二次全体会议会场

（***、*** 负责，秘书组全体人员参加）

摆放文件之十（十六次主席会修改后的）、之十一；

不摆桌签；之十二、之十三、之四带会场暂不摆放

2. 会前主席接待联络

（***、*** 负责）

3. 会场门口引导参会人员入座（*** 负责，组织组参加）

4. 再次检查主席台桌签、文件摆放顺序；带备用主持词

（***、*** 负责）

5. 会议人数清点并报告主持人

（*** 负责）

6. 14:30，第二次全体会议

（1）选举文件宣读（*** 负责）

（2）会议记录（*** 负责）

（3）选举中央委员计票工作人员

组织组负责

、、***、*** 参加

（4）后半程扩大人员退场后分发文件之十二、之十三、之四

主席台：*** 负责

会　场：***、*** 负责准备文件，***、***、***、***、***、***、***、***、*** 每人分发一排

（5）会后回收材料（***、*** 负责）

8. 16:00，小组讨论

（1）会议记录：

第一组：***、*** 负责

第二组：***、*** 负责

第三组：***、*** 负责

第四组：***、*** 负责

第五组：***、*** 负责

第六组：***、*** 负责

第七组：***、*** 负责

第八组：***、*** 负责

（2）统计监票人：*** 负责

（3）统计十七次主席会汇报人：*** 负责

（4）会后收桌签送文印室（各小组秘书）

9. 16:50，社中央妇女工作委员会会议

社中央文化工作委员会会议

(***、***负责)

10. 16:30，**布置主席会会场**

17:00，**第十七次主席会**

(***、***负责)

会场提醒明天闭幕会要宣读文件的主席(***负责)

11. 18:00，**主席会后自行印制的文件（240份）**

(***负责，***、***协助)

之六：2015年工作报告的决议(草案)

之十三：常委选举办法(注意十七次主席会是否有改动)

之十四：选举常委总监票人、监票人建议名单

晚　　上

1. 19:00，接收、核对送印的2份文件（之六、之八）

(***负责)

2. 19:30，院士工作委员会会议

(***、***负责)

3. 19:30，**布置全体会议会场**

(***、***负责，秘书组全体人员参加)

摆放文件(8件)：

之六、之八、之十三(十七次主席会修改后的)、之十四、会议资料(2、3、4、5)；

注意：之十三、之十四仅摆前12排；不摆桌签；在第一排座位前摆放电视供主席台观看九三楷模宣传片，主席台两侧设投影屏幕供

会场观看。

12月11日（星期五）

上　午

1. 会前主席接待联络

（***、***负责）

2. 会场门口引导参会人员入座（***负责，组织组参加）

3. 再次检查主席台桌签、文件摆放顺序；带备用主持词

4. 8:30，中央委员全体会议

（1）会议人数清点并报告主持人（***负责）

（2）选举文件宣读（***负责）

（3）会议记录（***负责）

（4）选举中央委员计票工作人员

组织组负责，***、***、***、***参加

5. 9:30，闭幕式

（1）会议人数清点并报告主持人（***负责）

（2）会议记录（***负责）

（3）会后回收材料（***负责，秘书组全体人员参加）

6. 收取各次大会录音、记录等存档资料（***负责）

二、全会文件清单与印制时间份数

（一）7日晚装袋（9件）

会议手册、笔记本、笔、《中共中央关于制定国民经济和社会发展第十三个五年规划的建议》单行本、《九三学社七十年》（画册）、邮折、全会文件目录、选举注意事项、开幕式座次表。

（二）文件送印（400份）

1. 胸牌证件

11月23日给名单（所有人），11月30日送回机关。

2. 4日下午交印厂，7日傍晚在铁道大厦收（400份）

※《会议手册》（430份）

※ 全会文件目录

※ 选举注意事项（会议资料1）

※ 表彰优秀组织和优秀个人的决定（会议资料2）

※ 表彰参政议政工作先进集体和先进个人的决定（会议资料4）

※ 表彰九三楷模的决定（会议资料5）

之一：全体会议议程（草案）

之二：全体会议日程（草案）

3. 8日下午单位自行印制

※ 开幕式座次表（400份）

※ 主席会议文件（20份）

※ 常委会议文件（60份）

4. 8日晚常委会后送印厂，9日11点前收（400份）

之三：扩大人员范围的决定（草案）

之四：免去×××中央委员职务的决定（草案）

之五：常委会工作报告（视常委会是否有改动）

之七：三中全会委员建议案办理工作情况的报告

之九：中央委员候选人建议名单

之十：中央委员选举办法

※ 表彰信息工作先进单位和先进个人的决定（会议资料3）

5. 9日下午主席会后送印厂，10日11点前收

之十：中央委员选举办法（注意十六次主席会是否有改动）

之十一：选举中委总监票人、监票人建议名单

之十二：常委候选人建议名单（注意简历增加中委身份）

之十三：常委选举办法

之四：免去中委的决定（草案）（注意十六次主席会是否有改动）

6. 9日晚监督委员会全体会后送印厂，10日晚19点前收

之八：监督委员会2015年工作报告

7. 10日中午小组讨论后送印厂，10日晚19点前收

之六：2015年工作报告的决议（草案）

8. 10日晚主席会后自行印制

之十三：常委选举办法（注意十七次主席会是否有改动）

之十四：选举常委总监票人、监票人建议名单

（三）会场摆放文件

1. 9日下午开幕会前（9日中午）摆放（6件）

之一、之二、之三、之四、之五、之七

  9日下午开幕会后半程发放（2件）

之九、之十

2. 10日下午第二次全体会上（10日中午）摆放（2件）

之十（十六次主席会修改后的）、之十一

  10日下午第二次全体会后半程发放（3件）

之十二（简历中增加中委身份）、之十三、之四（十六次主席会修改后的）

3. 11日闭幕会前（10日晚）摆放（8件）

之十三（十七次主席会修改后的）、之十四、之六

会议资料（2、3、4、5）

(四) 文件清单

（1）九三学社第十三届中央委员会第四次全体（扩大）会议议程（草案）……………………………………[文件之一]

（2）九三学社第十三届中央委员会第四次全体（扩大）会议日程（草案）……………………………………[文件之二]

（3）关于九三学社第十三届中央委员会第四次全体（扩大）会议扩大人员范围的决定（草案）…………[文件之三]

（4）关于免去×××第十三届中央委员会委员职务的决定（草案）……………………………………………[文件之四]

（5）九三学社第十三届中央常务委员会2015年工作报告……………………………………………………[文件之五]

（6）关于第十三届中央常务委员会2015年工作报告的决议（草案）…………………………………………[文件之六]

（7）关于十三届三中全会委员建议案办理工作情况的报告……………………………………………………[文件之七]

（8）九三学社第十三届中央委员会监督委员会2015年工作报告……………………………………………[文件之八]

（9）九三学社第十三届中央委员会第四次全体（扩大）会议增选中央委员候选人建议名单……………[文件之九]

（10）九三学社第十三届中央委员会第四次全体（扩大）会议增选中央委员选举办法（草案）……………[文件之十]

（11）九三学社第十三届中央委员会第四次全体（扩大）会议选举总监票人、监票人建议名单
（会上临时产生）…………………………………………[文件之十一]

（12）九三学社第十三届中央委员会第四次全体会议增选
中央常委候选人建议名单
（中央委员增选后发）……………………………[文件之十二]
（13）九三学社第十三届中央委员会第四次全体会议增选
中央常委选举办法（草案）………………………[文件之十三]
（14）九三学社第十三届中央委员会第四次全体会议选举
总监票人、监票人建议名单（会上临时产生）……[文件之十四]

（五）会议资料

（1）九三学社第十三届中央委员会第四次全体（扩大）会议选举注意事项

（2）九三学社中央关于庆祝九三学社创建70周年表彰优秀组织和优秀个人的决定

（3）九三学社中央关于表彰2015年度信息工作先进单位和先进个人的决定

（4）九三学社中央关于表彰九三学社2014—2015年度参政议政工作先进集体和先进个人的决定

（5）九三学社中央关于授予XXX等10名同志九三楷模荣誉称号的决定

（6）《中共中央关于制定国民经济和社会发展第十三个五年规划的建议》单行本

三、小组分组

第一组（北京、海南、陕西38人）

召 集 人：＊＊＊　　＊＊＊

小组秘书：＊＊＊　　＊＊＊

会　　　场：南楼二层1号会议室

第二组（北京、广东39人）

召　集　人：＊＊＊　　＊＊＊

小组秘书：＊＊＊　　＊＊＊

会　　　场：南楼二层2号会议室

第三组（河北、上海、青海39人）

召　集　人：＊＊＊　　＊＊＊

小组秘书：＊＊＊　　＊＊＊

会　　　场：南楼二层3号会议室

第四组（天津、吉林、湖南、广西、贵州39人）

召　集　人：＊＊＊　　＊＊＊

小组秘书：＊＊＊　　＊＊＊

会　　　场：南楼二层7号会议室

第五组（山西、安徽、福建、山东、重庆、宁夏39人）

召　集　人：＊＊＊　　＊＊＊

小组秘书：＊＊＊　　＊＊＊

会　　　场：南楼三层12号会议室

第六组（内蒙古、浙江、四川、新疆39人）

召　集　人：＊＊＊　　＊＊＊

小组秘书：＊＊＊　　＊＊＊

会　　　场：南楼三层13号会议室

第七组（辽宁、河南、湖北、云南、社中央39人）

召　集　人：＊＊＊　　＊＊＊

小组秘书：＊＊＊　　＊＊＊

会　　　场：南楼三层14号会议室

第八组（黑龙江、江苏、江西、甘肃39人）

召集人：＊＊＊　　＊＊＊

小组秘书：＊＊＊　　＊＊＊

会　　场：南楼三层15号会议室

（执笔人：李胜男）

中央常务委员会会议（主题常委会）

一、举行会议有关事项依据

《九三学社章程》：

第二十六条　中央常务委员会的任期与同届中央委员会相同，在中央委员会全体会议闭会期间领导全社工作。中央常务委员会会议由主席会议召集并主持，原则上应每季度举行一次。中央常务委员会的职权是：

（一）组织实施中央委员会全体会议的决议和决定。

（二）召集并主持中央委员会全体会议。

（三）讨论并决定本社工作中的重大问题。

（四）讨论并决定社中央工作部门的设置及秘书长和其他重要人事任免。

《九三学社中央常务委员会工作规则》：

——未担任中央常务委员的省级组织主委，社中央秘书长、副秘书长、机关各部门负责人列席会议，有关人员根据需要列席会议。

——中央常务委员会会议由主席会议召集并主持，原则上每季度举行一次，特殊情况可临时召集。

——中央常务委员会会议出席人数超过组成人员的半数方能举行会议。

——重大议题应在协商讨论基础上进行表决，并须经出席人员三分之二以上赞成为通过。

——因故不能出席会议，应事先向常务副主席请假。

——社中央机关应在中央常务委员会全体会议举行之前10天，将会议通知及会议审议的有关文件稿书面通知与会人员。

——中央常务委员会会议纪要经常务副主席审核后送主席签发，或由主席授权常务副主席签发。

——如遇到需要中央常务委员会做出重要决定的，但因特殊情况不能及时召开会议时，必须采用电话、网络方式征求中央常务委员会组成人员意见，委托主席办公会议做出决定，待下次常务委员会会议确认。

注意：地方各级委员会举办常委会议有关事项依本级组织有关规则（或参照上述）。

二、主要内容

（1）学习贯彻每年两会精神。

（2）学习贯彻每年中共中央全会精神。

（3）决定召开中央委员会全体会议，审议中央委员会全体会议议程草案、通过日程，以及需提交中央委员会全体会议通过的决议和其他文件稿。

（4）决定社中央工作部门的设置、秘书长和机关正局级负责人的任免。

（5）决定中央专门（工作）委员会等工作机构的设置及其主任、副主任的任免。

（6）讨论并决定本社工作中的重大问题。

三、有关文件材料批准（审议通过）权限规定流程

1. 会议文件

部门→分管副主席（秘书长）→主席办公会→主席会→常委会

2. 工作方案、主持人工作稿、报名请假情况

办公厅→分管副主席（秘书长）→常务副主席

3. 文件签发（印）、参阅资料

办公厅→分管副主席（秘书长）→常务副主席

4. 会议手册（主题常委会）、有关情况说明

部门（办公厅）→分管副主席（秘书长）

四、重点工作、分工及时间段（以主题常委会为例）

（一）决定召开会议的准备

会前2个月，文秘处负责。主要事项：

（1）征询社中央领导意见，拟定会议时间、地点，提出会议主题及大体日程安排、参加人员范围等建议，提交主席办公会议研究。（会议时间依从主要领导日程）

（2）草拟召开会议决定，按流程提交每年3月份召开的主席会议审议通过。

（3）起草会议准备情况说明。（由分管副主席在每年3月份召开

的主席会、常委会上做说明）

（二）制发会议通知

主席会做出决定后，文秘处、相关省委办公室负责。

主要事项：

（1）相关省委办公室根据时间联系落实会议酒店。

（2）文秘处草拟通知，明确会议时间地点、主要内容、参会人员、报名请假手续、接送站安排、联系方式及提交交流材料的有关要求、注意事项等。

（3）通知抄送各省级组织、社中央机关各部门、中央统战部一局，由各省负责通知并反馈本省常委报名请假情况。

（4）给相关省委发函，告知会议召开时间、人员规模及相关职务、议程及主要日程等相关事项，请相关省委做好会议筹备工作。

注意：短信提示常委。

（三）启动各项会务工作

会前1个月，文秘处、相关省委办公室负责。

主要事项：

（1）根据会议内容，督促提醒需有关部门准备的有关文件及时限。

（2）如安排专题报告会，请领导提出或工作组建议，联系落实专题报告的报告人。

注意：尽早与报告人联系，给其充足时间准备报告内容，并提醒其会前尽快反馈个人简况、报告题目及内容要点，供草拟主持词、编制会议手册使用。

（3）草拟具体日程安排（列出各类会议活动），提出各次大会主持人、发言人（做情况说明等）建议。

（4）提醒有关部门准备有关情况说明文稿。

（5）相关省委制定工作方案。根据社中央的函，向中共省委统战部等有关部门汇报。

（6）相关省委给省委统战部发函：一是协助邀请省里相关领导出席社中央常委会开幕会；二是请统战部牵头与省接待办、省警卫局、机场安保、火车站保卫处等单位协商，拟定相关接待方案。

（7）相关省委办公室实地考察会议酒店，按人数预订房间等。

（四）完成具体筹备工作事务

会前1—0.5个月，文秘处、相关省委办公室负责。具体事项：

1. 文秘处——

（1）与各省级组织联系，汇总常委会报名、请假情况，核实并注明请假原因，按流程送审。

（2）督促落实有关文件、事项、有关情况说明文稿，按签报流程审批。

（3）与中央统战部联系，确认特邀列席人员名单。

（4）与社中央各部门联系落实列席人员及有关工作人员名单。

（5）汇总各省（常委）提交的交流材料，并进行严格的文字审核。

注意：要求各省有关负责人审签。

（6）提出大会交流发言人建议名单及理由，按内部签报流程审批后，通知发言人做好相关准备。

（7）起草主席会、常委会各次大会主持人工作稿，按流程审定后及早分送各主持人。

（8）编制会议手册（含会议须知、日程安排、与会人员及住房分配、各组职责及负责人等），按流程送审后，传有关省委付印。

（9）汇总所有会议文件，统一编号，按流程审批后，传有关省委付印。

（10）制作出席人员签到表（财务报销用）。

2. 相关省委办公室——

（1）联系落实省里出席领导。

（2）订购会议有关用品（材料袋、笔记本、签字笔等）。

（3）落实主席会、常委会（包括全体会、小组会及其他会议）会场地点，分配参会人员住宿房间，提交社中央办公厅。

（4）联系落实参观考察地点，并向社中央办公厅提供情况简介。

（5）落实常委会、会中其他会议（活动）会标。

（6）落实会议音响设备及其他特需设备。

（7）落实参会人员到、离时间并制表，制定接送站方案，落实会议用车。

（8）制作证件（出席、列席、工作证等，备若干空白证），核查分装。

（9）制作桌签、核查分装。

（10）联系安排大会医疗服务。

（11）按要求落实会议音像资料录制事项。

（12）联系安排地方电视台等媒体进行新闻报道。

其他各工作组自行安排

（五）重点保障现场会务工作

报到前1天—离会。主要事项：

1. 相关省委办公室——

（1）检查上会所需文印设备、办公用品、文件、材料、证件、桌签等。

（2）查看常委抵达时间，分别短信告知接站事宜。

（3）报到前1天，部分工作人员入住宾馆，分装文件材料。

（4）核实有关领导、特邀人员及其他参会人员到会时间，提前做好接待准备。

（5）热情迎接，签到、分发文件材料，引领登记房卡，提醒有关事项。

（6）协助安排其他人员食宿问题等。

（7）统计报到人数。

2. 会务组——

（1）开会前一天布置常委会会场，检查会标是否正确，会场坐席排布是否符合要求，话筒、投影仪等设备是否正常等。

（2）根据会议日程，提前摆放桌签、文件。

注意：主席会是否对常委会文件有修改。

（3）会议开始前，提前到达会场。再次核对主席台桌签顺序、文件份数、主持人工作稿，检查话筒是否到位，提前提醒各发言人。备份主持人工作稿、有关情况说明稿。

（4）安排调试会场投影、视频播放、会场音响效果等，安排每次大会会场录音等。

（5）会议开始前，联络接待主席和省里相关领导、特邀人员，协助安排座次，引导常委入场，做好会场服务。

（6）如安排专题报告会，做好报告人的接送、引导，调试电脑、投影PPT效果，签领讲课费。

（7）做好会议记录。

其他各工作组自行安排

（六）会后总结工作

会后1—3周，文秘处、研究室、省委办公室负责。主要事项：

（1）整理归档（包括会议通知、议程、日程、出席人员名单、领导讲话、主持词、会议通过的文件、决议、决定、会议记录等）。

（2）结算报销会议有关费用。

（3）起草会议纪要，按流程送签后印发。

（4）研究室整理主席讲话，按流程审定后印发工作通报。

（5）召开总结会，对会务工作进行及时总结，改进不足。

（执笔人：李胜男）

主席会议

一、举行会议有关事项依据

《九三学社章程》第二十七条：

——中央委员会主席、副主席组成中央主席会议，在中央常务委员会会议闭会期间，主持中央工作。

——中央主席会议和主席办公会议均由中央委员会主席召集并主持，也可由中央委员会主席委托一位副主席召集并主持。

《九三学社中央主席会议工作规则》：

——秘书长和机关各部门负责人列席会议。

——主席会议原则上每季度召开一次，会议时间、地点及议程由主席提出或由副主席、秘书长提出，报主席审定。

——出席人数超过组成人员的三分之二方能举行会议。……重大事项应进行表决，组成人员过半数赞成为通过。因故不能出席会议应事先向主席请假。

——主席会议纪要经常务副主席审核后送主席签发，或由主席授权常务副主席签发。

注意：地方各级委员会举行主委会议有关事项依本级组织有关规

则（或参照上述）。

二、主要内容

（1）学习讨论中共和国家的大政方针以及政治生活中的重大问题，传达学习重要会议精神。

（2）审议常务委员会会议议程草案、通过日程，审议提请常务委员会会议通过的决议和其他文件。

（3）研究决定有关重要事项，向常委会提出有关建议。

三、工作流程

会前1个月

（1）根据主席确定的时间制发通知，分送各位副主席和机关各部门负责人，确认出席、列席人员。

（2）通知机关事务管理处准备会议室。

会前半个月

（3）准备会议文件（由上次主席办公会议审定）。

（4）根据既定议程，起草主持人工作稿。

主持人工作稿与会议文件签报程序：主席秘书办公室→办公厅综合处→办公厅分管领导→办公厅主管领导→秘书长→分管副主席→常务副主席→主席。

会前一星期

（5）印制会议文件。

（6）准备桌签。

会中现场工作

（7）布置会场。一是桌签及会议文件（包括主持人工作稿）摆放；二是检查音响、话筒等现场设备。

（8）做好会议记录。

会后总结工作

（9）及时整理会议纪要并按行文流程签报：主席秘书办公室→办公厅综合处→办公厅文秘处→办公厅分管领导→办公厅主管领导→秘书长→分管副主席→常务副主席→主席。

（10）印制分发会议纪要。

（11）整理会议材料交文秘处归档（会议通知、会议文件、主持人工作稿、会议纪要等）。

注意：会议涉及人事的议题，由人事部门按流程办理。

（执笔人：胡长超）

主席办公会议

一、举行会议有关事项依据

《九三学社章程》第二十七条：

——中央委员会主席、专职副主席组成主席办公会议，研究、决定需要及时处理的重要问题并主持日常工作。

——中央主席会议和主席办公会议均由中央委员会主席召集并主持，也可由中央委员会主席委托一位副主席召集并主持。

《九三学社中央主席会议工作规则》：

——秘书长列席会议，中央机关各部门负责人和有关人员根据需要列席会议。

——主席办公会议……出席人数超过组成人员三分之二方能举行会议，审议人事问题等重要事项时，须组成人员全体出席。因故不能出席会议应事先向主席请假。

——主席办公会议议程由主席提出，或由副主席、秘书长提出报主席审定。中央机关各工作部门提请审议的议题一般应正式行文，由秘书长报分管该项工作的副主席审核并经主席同意，方可列入会议议程。

——向主席办公会议汇报工作和问题，要有简要的汇报提纲，一般应提前2天印送办公厅和与会人员。

——会议纪要经常务副主席审核后送主席签发，或由主席授权常务副主席签发。

注意：地方各级委员会举行主委办公会议有关事项依本级组织有关规则（或参照上述）。

二、主要内容

（1）传达学习有关方面的重要指示、重要部署和重要会议精神；研究并提出贯彻意见。

（2）研究并拟定主席会议、常务委员会议议程、日程草案，审议提交主席会议、常务委员会议的文件，为主席会议、常务委员会议做好准备工作。

（3）研究决定有关重要问题，向主席会议提出有关建议。

三、工作流程

会前准备工作

（1）根据主席确定的时间，通知出席列席人员，确认出席情况。

（2）（通知机关事务管理处）准备会议室。

（3）根据领导指示，通知、征求、汇总各部门上会议题。

（4）根据部门所报议题（议题须说明的，要确定说明人），制订议程，汇总材料（需要各部门正式行文并报分管副主席审签）后按程序签报：主席秘书办公室→办公厅综合处→办公厅分管领导→办公厅主管领导→秘书长→分管副主席→常务副主席→主席。

（5）印制会议材料。

（6）准备桌签。

会议前两天

（7）会议材料分送参会人员。

会中现场工作

（8）布置会场。一是桌签及会议文件（包括主持人工作稿）摆放；二是检查音响、话筒等现场设备。

（9）做好会议记录。

（10）如有议题需要有关人员到会说明，通知汇报人提前在会议室外等候。汇报人对其相关议题讨论完毕后离开会场。

会后总结工作

（11）及时整理会议纪要并按行文流程签报：主席秘书办公室→办公厅综合处→办公厅文秘处→办公厅分管领导→办公厅主管领导→秘书长→分管副主席→常务副主席→主席。

（12）印制分发会议纪要。

（13）整理会议材料交文秘处归档（会议文件、会议纪要等）。

注意：会议涉及人事的议题，人事部门按流程办理。

（执笔人：胡长超）

社中央战略研讨会

一、举行会议有关事项依据

社中央战略研讨会由主席召集，社中央领导班子成员参加，视工作需要确定列席人员。原则上每年举行一次（一般在元月初）。

二、主要内容

研究全社战略性工作。

三、会前准备工作

会前1个月

（1）根据社中央主要领导日程安排及有关要求，拟定会议时间、地点、主要议题、参加人员及范围等。

（2）草拟工作方案，按内部流程签报。主席秘书办公室→办公厅综合处→办公厅分管领导→办公厅主管领导→秘书长→常务副主席。

（3）协调落实会议场所，做好会议相应保障工作。

（4）起草会议通知，明确会议时间、地点、主要内容、参会人员、有关要求、联系方式等，寄送参会领导，分送有关人员。

会前二十天

（5）确定工作人员，制定筹备工作方案（包括人员分工、主要会务工作进程安排、需要准备的有关文件材料等内容），送有关部门负责人会签后，内部签报送呈社中央领导审批。印送有关工作人员。

（6）列出会议所需文件的目录，按照工作分工提醒相关部门着手准备。

会前半个月

（7）确认参会领导名单。（含统战部参加同期举行的民主生活会的有关同志）

（8）请机关事务管理处协调参会领导医疗保障工作及确定速录人员。

会前一星期

（9）订购会议有关材料（文件袋、笔记本、签字笔等）。

（10）落实会议期间会议会场，确定参会人员房间分配。

（11）制作全体参会人员桌签。

（12）落实参会人员到、离时间并制表，制定接送站方案，落实会议用车。

（13）制作出席人员签到表（财务报销用）。

（14）编印会议手册（含会议须知、日程安排、分组名单、参会人员名单及住房分配等）。

（15）整理上会所需设备、文件、材料、证件、桌签等物品，统一带往会议地点。

会中现场工作

（16）报到前一天，组织工作人员分装报到材料袋。

（17）报到（分发文件、房卡，协助安排非会议人员食宿问题等）。

（18）根据会议日程，提前布置会场（摆放桌签、文件，检查会标是否正确，检查音响、话筒、投影仪等会场电子设备是否正常运转等）。

（19）每次会议开始前工作人员做好会场引导及服务工作。

（20）确定专人做好录音、速录、摄影、记录工作。

（21）协同做好会议饮食、用车、会场等后勤保障。

会后总结工作

（22）收集速录人员电子材料，当面销毁速录人员机器中的记录。

（23）做好会议有关费用结算报销。

（24）及时整理会议纪要并按行文流程签报：主席秘书办公室→办公厅综合处→办公厅文秘处→办公厅分管领导→办公厅主管领导→秘书长→常务副主席→主席。

（25）交文秘处印制会议纪要，按照发文范围发放。

（26）整理会议材料交文秘处存档（包括会议通知、议程、日程、出席人员名单、领导讲话、会议通过的文件、会议记录等）。

注意：会务保障及财务工作分别由机关事务管理处、财务处负责。

（执笔人：秦玉全）

理论学习中心组集中学习会议

一、举行会议有关事项依据

《九三学社中央理论学习中心组学习制度》：

——中心组原则上每季度学习1次，全年集中学习时间不少于4次。遇到重要会议、重要文件精神需传达时，可临时召集。（第三条）

——因故不能参加学习须履行请假手续，中心组成员向组长请假，其他参加人员向秘书长请假。（第七条）

二、主要学习内容

（1）学习重要政治理论、党和国家重要方针政策。

（2）研讨党和国家包括政治、经济、社会、文化和生态等方面的长远建设问题，重大现实理论问题等热点和难点问题，以及九三学社自身建设和发展问题。

三、有关文件材料批准（审议通过）权限规定流程

学习方案、主持人工作稿

主席秘书办公室→办公厅综合处核稿→办公厅分管领导→办公厅主管领导→秘书长→常务副主席（或按秘书长指示）

四、重点工作、分工及时间段

会前准备工作（主席秘书办公室、机关事务管理处负责）

（1）征询社中央领导意见，拟定会议时间、地点，提出主要学习内容、参加人员范围等建议。

（2）根据领导指示的中心组学习时间，通知参会领导，确定出席领导。

（3）方案订下后，准备学习材料，交文印室印制。

（4）会前一天将材料送至中心组全体成员及社中央机关各部门主要负责人手里。

（5）机关事务管理处准备会议室及相关会服。

会中现场工作

（6）做好会议记录、会议服务。

会后总结工作（主席秘书办公室）

（7）起草学习情况综述，按流程送签后印发。

（8）整理归档（包括学习方案、主持人工作稿、讨论记录等）。

（执笔人：刘相建）

机关工作协调会议

一、举行会议有关事项依据

《九三学社中央机关工作协调会议制度》：

——机关工作协调会议由秘书长负责召集并主持，副秘书长、机关各部门负责人、《民主与科学》杂志社主编出席。根据会议需要，参会人员可适当增减。（第一条）

——会议一般每周召开1次。根据需要也可临时召集。（第四条）

二、主要内容

（1）贯彻落实主席办公会议精神和决定，传达学习有关部门和领导同志的重要指示。

（2）研究主席交办的事项和需要向主席办公会议提出的重要建议。

（3）通报机关各部门工作情况，协调各部门工作关系。

（4）研究决定机关主任科员及以下工作人员的任免。

三、有关文件材料批准（审议通过）权限规定流程

会议文件：主席秘书办公室→办公厅分管领导→办公厅主管领导→秘书长

四、重点工作、分工及时间段

会前准备工作（办公厅主席秘书办公室、机关事务管理处负责）

（1）征询社中央领导意见，确定会议议题、时间、地点及参会人员。

（2）通知参会人员。

（3）机关事务管理处准备会议室及相关会服。

会中现场工作

（4）做好会议记录、会议服务。

会后总结工作（办公厅主席秘书办公室）

（5）整理归档（包括会议议程、会议记录等）。

（执笔人：刘相建）

庆祝大会（活动）

——以庆祝九三学社创建 70 周年活动为例

一、一般内容

例：召开庆祝九三学社创建 ** 周年大会主要议程：

（1）介绍主要来宾。

（2）宣布庆祝大会开始。

（3）全体起立，奏唱国歌。

（4）中共中央领导同志致贺词。

（5）各民主党派中央和全国工商联代表致贺词。

（6）老社员代表发言。

（7）中青年社员代表发言。

（8）主席讲话。

（9）全体起立，奏唱《歌唱祖国》。

（10）宣布庆祝大会结束。

（其他庆祝活动略）

二、有关文件材料批准（审议通过）权限规定流程

1. 纪念活动筹备方案

办公厅→分管副主席（秘书长）→主席办公会→主席会→常委会

2. 中共中央领导同志在纪念大会上的贺词

研究室→分管副主席（秘书长）→常务副主席→主席→中央统战部（中办）

3. 各民主党派中央、全国工商联在纪念大会上的贺词

研究室→分管副主席（秘书长）→常务副主席→主席→各民主党派中央、全国工商联征求意见→发言人

4. 主席在纪念大会上的讲话

研究室→分管副主席（秘书长）→常务副主席→主席

5. 社员代表在纪念大会上的发言

社员代表→研究室→分管副主席（秘书长）→常务副主席→主席（根据需要）

6. 大会通知、主持人工作稿、社员代表发言建议名单、报名请假情况

办公厅→分管副主席（秘书长）→常务副主席

7. 文件签发（印）、会务组分工方案、会议手册

办公厅→分管副主席（秘书长）

三、重点工作、分工及时间段

（一）启动纪念活动的准备

会前 6 个月，文秘处负责。主要事项：

（1）根据社中央领导意见要求，参考以往经验，提出纪念活动拟开展的重点工作，起草《九三学社建社 70 周年纪念活动筹备方案》，包括总体要求、工作原则、重点活动、组织机构、各小组主要任务及完成时间安排等内容。拟订庆祝大会筹备组、文件起草组、宣传征文和画册编撰组、书画展筹备组、社史修编组、表彰活动筹备组、文艺活动组、后勤保障组等小组组长、成员名单和主要职责。

（2）方案按规定流程送机关各部门会签，经主席办公会、主席会研究审议后，提交当年 3 月份召开的常委会审议通过。

（3）筹备方案经常委会审议通过后，以正式文件形式印发至各省级组织、社中央机关各部门。请各工作组按照工作方案及早安排部署，周密策划，细化工作方案。各省级组织结合实际情况，统筹安排，配合开展各自的庆祝活动。

（二）制发会议通知

常委会做出决定后—会前 1.5 个月，文秘处、机关事务管理处负责。

主要事项：

（1）常委会后，根据筹备方案，与主要领导沟通日程安排，确定纪念大会的时间、地点，细化大会议程、出席人员范围、会务组分工等内容。按流程内部签报送社中央领导审定。

（2）会前 1.5 个月，草拟会议通知。明确大会时间、大会内容、出席人员、有关事项、联系方式等内容。分发至各省级组织、社中央常委、社中央老领导、在京中央委员、社中央机关各部门,抄送中央统战部一局等。

（3）由各省负责通知本省参会人员并汇总报名请假情况。

（三）制定庆祝大会筹备工作方案

会前 1.5—1 个月。主要事项：

（1）文秘处拟定庆祝大会会务组各组（秘书组、宣传报道组、展览组、嘉宾接待组、后勤保障组等）的职责分工,提出各工作组负责人及人员名单建议。

（2）文秘处起草成立庆祝大会会务组的方案,明确总协调、副总协调、各工作组人员构成及主要职责,细化下一步工作清单、时间表、分工,提出邀请嘉宾名单建议。方案经有关部门会签后,按流程报社中央领导审批。

（3）方案获批后印送各工作组。

（4）研究室起草各民主党派中央和全国工商联的贺词、中共中央贺词、主席讲话稿。

（5）机关事务管理处订制纪念活动用品。

（四）邀请有关人员参会

会前 1 个月,秘书组负责。主要事项：

（1）给中共中央写报告,邀请 1 位中共中央领导同志出席纪念大会。

（2）分别发函全国人大、全国政协,邀请 1 位副国级领导同志出席纪念大会。

（3）自行协调 1 位党派中央主席代表各民主党派中央和全国工商联致贺词。

（4）分别发函各民主党派中央和全国工商联、中央统战部、与我社对口联系的国家有关部委,邀请 1 位部级领导参会。

（5）提出庆祝大会社员代表发言建议名单，附个人简介。按流程报社中央领导审定。获批准后，与社员代表联系，通知准备发言稿。

协调落实同期（同地）举行的其他活动安排。

（五）完成各项会务工作

会前半个月—1周，各工作组负责。具体事项：

1. 秘书组——

（1）中共中央贺词代拟稿送中央统战部（中办）审定。

（2）办公厅发函各民主党派中央和全国工商联，征求对各民主党派中央和全国工商联的贺词（征求意见稿）修改意见。按照通知时间，收集各民主党派中央和全国工商联对贺词的意见，修改定稿后，送呈发言人。

（3）与发言的社员代表联系，将发言稿交研究室统稿完毕后报送社中央领导审定。定稿发回社员代表。

（4）着手起草会议主持人工作稿。按程序报送社中央领导审定后，呈送主持人。

（5）与各省联系落实社内参会人员。

（6）与嘉宾单位联系落实特邀嘉宾名单。将确定的特邀嘉宾人员名单移交嘉宾接待组。嘉宾接待组负责一对一联系分工、分送请柬、车证等。

（7）编制会议手册，包括注意事项、日程安排、出席人员名单、工作机构等。按流程报社中央领导审定后，送印厂印制。

（8）提出主席台及会场座次安排，按流程报社中央领导审定后，交付印制。

注意：其中主席台座次排序商中央统战部。

（9）印制桌签，核查分装。

（10）汇总所有会议文件，按流程报社中央领导审定后，交付印制。

2. 后勤组——

（1）设计制作完成会议证件（证件包括出席证、嘉宾证、工作证等，备若干空白证）、材料袋、请柬、车证。

（2）落实住房分配、用餐、会场、休息室具体地点等。

（3）编制报销用签到表。

（4）订购会议有关用品（笔记本、签字笔、嘉宾签到簿等）。

（5）联系落实纪念大会会标。

（6）如需要接送站，落实参会人员到、离时间并制表，制定接送站方案，落实会议用车。

注意：落实同期参加其他活动的有关人员（名单、联系方式、通知确认）驻地集中接送的时间、车辆、迎送人员。

（六）重点保障现场会务工作

报到前1天—离会，各工作组负责。主要事项：

（1）报到前1天，检查上会所需文印设备、办公用品、文件、材料、证件、桌签等。

（2）报到前1天，部分工作人员入住宾馆，分装文件材料。

（3）热情迎接参会人员，签到、分发文件材料，引领登记房卡，提醒有关事项。

（4）入会前一天，检查会标是否正确，会场坐席排布是否符合要求，话筒、音响、视频歌曲播放等设备是否正常等。

（5）提前布置会场，按照座次表正确摆放桌签、文件。

（6）会议开始前一小时，嘉宾接待组到位，一对一做好迎接，引导至休息室。会议开始前10分钟引导嘉宾入场就座。

（7）秘书组引导其他参会人员按照座次表入场就座。

注意：大会当天秘书组提前到会场，再次核对主席台桌签顺序、文件份数、主持人工作稿、宣读的有关文件等是否正确。会前一小时前再次确认出席会议人员名单。

其他各工作组自行安排

（七）会后总结工作

会后1—3周，各工作组负责。主要事项：

（1）整理归档（包括会议通知、议程、日程、出席人员名单、贺词、领导讲话、主持词等）。

（2）结算报销会议有关费用。

（3）召开总结会，对会务工作进行及时总结，改进不足。

（执笔人：李胜男）

全国机关建设工作会议

一、会前准备工作

（一）决定召开会议的准备

会前2个月，文秘处负责。主要事项：

（1）征询社中央领导及相关省级组织意见，拟定会议时间、地点，提出会议内容及大体日程安排、参加人员范围等建议，提交主席办公会议研究。

（2）起草会议准备情况说明（由分管副主席或办公厅领导在主席办公会上做说明）。

注意：参会人员范围：社中央分管领导；社中央机关各部门负责人、有关处室负责人；省级组织分管（专职）副主委，秘书长和办公室负责人。

（二）制发会议通知

主席办公会做出决定后，文秘处、相关省委办公室负责。

主要事项：

（1）相关省委办公室根据时间联系落实会议酒店。

（2）文秘处草拟通知，明确会议时间、地点、主要内容、参会人员、报名请假手续、接送站安排、联系方式及提交交流材料的有关要求（省级组织负责人签发）、注意事项等。

（3）通知抄送中央统战部一局，特邀相关领导出席。

（4）给相关省委发函，告知会议召开时间、人员规模、出席领导及相关职务、议程及主要日程等相关事项，请相关省委配合做好会议筹备工作。

（三）制定筹备工作方案

会前1个月，文秘处、相关省委办公室负责，主要事项：

（1）文秘处负责汇集各项会务工作事项，拟定会务工作职责分工，提出各工作组负责人及人员名单建议，制定工作方案。方案经有关厅领导审阅后，按流程报社中央领导审批后印送各工作组。

（2）相关省委办公室负责制定会务具体筹备工作方案，拟定会务工作职责分工，提出省委各工作组负责人及人员建议名单。

（四）启动各项会务工作

会前1个月，文秘处、相关省委办公室负责，主要事项：

1. 文秘处负责——

（1）起草关于全国机关建设工作主题讲话（报告），按流程报送社中央领导审定。

（2）草拟具体日程安排（列出各类会议活动），并提出各次大会主持人建议，按流程报送社中央领导审批。

（3）根据会议议程，草拟主持人工作稿，按流程报送社中央领导审批。

2. 相关省委负责——

（1）起草社省委领导欢迎词、代拟省委统战部领导讲话稿。

（2）根据社中央的发函，向省委统战部等有关部门报告会议有关情况，沟通协调、争取支持：一是协助邀请省里相关领导出席开幕会；二是请统战部牵头与省接待办等单位协商，启动相关接待工作。

（3）相关省委办公室实地考察会议酒店，按人数预订房间等。

（五）完成具体筹备工作事务

会前 0.5 个月，文秘处、相关省委办公室负责。主要事项：

1. 文秘处负责——

（1）汇总各省提交的交流材料，并进行初步审核。在此基础上提出大会交流发言建议名单及理由，按内部签报流程审批后，通知发言人做好相关准备。

（2）与各省级组织联系，汇总报名、请假情况，核实并注明请假原因。

（3）督促落实有关会议文件、事项、有关情况说明文稿等，按签报流程审批。

（4）与中央统战部联系，确认特邀列席人员名单。

（5）与社中央各部门联系落实参会人员及有关工作人员名单。

（6）提出分组名单及各小组召集人建议名单。

（7）编制会议手册（含会议须知、日程安排、与会人员及住房分配、各组职责及负责人等），按流程送审后，传相关省委付印。

（8）汇总所有会议文件，按流程审批后，传相关省委付印。

（9）制作出席人员签到表（社中央财务报销用）。

2. 相关省委负责——

秘书组：

（1）联系落实省里出席领导。

（2）如会议安排考察，联系落实参观考察地点，并向社中央办公厅提供情况简介。

（3）落实大会及小组讨论会场，分配参会人员房间。提交社中央办公厅。

（4）根据社中央办公厅提供的名单和格式要求，制作证件（出席、列席、工作证等，备若干空白证），核查分装。

（5）制作桌签、核查分装。

宣传组：

（1）联系安排地方电视台等媒体进行新闻报道。

（2）起草新闻通稿。

（3）按要求落实会议音像资料录制事项。

后勤组：

（1）订购会议有关用品（材料袋、笔记本、签字笔等）。

（2）落实会场音响设备、多媒体设备及其他特需设备。

（3）落实大会、会中其他会议（活动）会标。

（4）落实参会人员到、离时间并制表，制定接送站方案，落实会议用车。

（5）联系落实会议医疗保障事项。

（6）落实会议签到表。

二、会议期间

报到前1天—离会。主要事项：

相关省委会务组——

（1）检查上会所需文印设备、办公用品、文件、材料、证件、桌签等。

（2）提前1-2天，汇总参会人员抵达时间，分别短信告知接站事宜。

（3）报到前1天，部分工作人员入住宾馆，分装文件材料。

（4）核实有关领导、特邀人员及其他参会人员到会时间，提前做好接待准备。

（5）热情迎接，签到、分发文件材料，引领登记房卡，提醒有关事项。

（6）协助安排其他人员食宿问题等。

（7）统计报到人数。

社中央会务组——

（1）开会前一天布置会场，检查会标是否正确，会场坐席排布是否符合要求，话筒、投影仪等设备是否正常等。

（2）根据会议日程，提前摆放桌签、文件。

（3）会议开始前，提前到达会场。再次核对主席台桌签顺序、文件份数、主持人工作稿，检查话筒是否到位，提前提醒各发言人。备份主持人工作稿、有关情况说明稿。

（4）大会开始前提前到会场，再次调试会场投影、视频播放、会场音响效果等，查对会场录音、录像、照相等事项。

（5）会议开始前，联络接待主席和省里相关领导、特邀人员，协助安排座次，引导领导、嘉宾入场就坐，做好会场服务。

（6）做好会议记录。

三、会后事务处理

1. 宣传报道

在主流新闻媒体、网站、社刊社讯刊发会议新闻等。

2. 整理归档

对会议通知、议程、日程、出席人员名单、领导讲话、主持词、会议通过的文件、大会记录、小组讨论记录、相片及音视频资料等进行汇总归档。

3. 整理社中央领导讲话

按流程审定后以中央通报形式印发各省级组织。

4. 会议费用结算

按照规定做好会议费用结算。

5. 会务工作总结

召开总结会,对会务工作进行及时总结,改进不足。

(执笔人:黄忠官、李胜男)

两会（全国政协会议九三界别〈组〉）

一、会前准备工作

1. 上会人员确定

每年1月底2月初，全国政协办公厅发函至社中央抽调政协大会工作人员，一般由社中央领导确定人选后，由文秘处将人员名单报送至全国政协大会秘书组。上会人员统称为：九三12组小组秘书。人数一般为3人，1名局级领导任组长，2名小组秘书。

2. 上会人员报名

按照政协要求准备相关材料，一般需要电子照片、机关人事处开具的介绍信、文秘处盖章（办公厅）的政审材料等。

3. 协助部分委员办理车证

车证办理对象主要为在京委员，大会秘书组一般直接向每位委员发送通知（相关材料），大部分委员自己报办材料，小组秘书只需注意问询提醒（有必要时协助办理）。

4. 旁听人员证件办理

每年2月初，政协大会秘书处向社中央发办理政协全体会议旁听证的通知，机关局级以上的领导（包括在京的社内个别特别人员）如需旁听可办理证件，旁听在人民大会堂的全体大会。一般由文秘处协助报送相关材料。

5. 准备上会文具、设备

小组秘书在上会前一周领用文具和设备。设备主要有：打印机、复印机、传真机、笔记本电脑、小推车。文具主要有：打印纸、信封、笔、订书机等。

上会前调试打印机、复印机、传真机。测试机器、安装驱动程序并准备好相关配件，例如硒鼓等。

6. 准备桌签

准备一套桌签并按照名单排好顺序，备用空白桌签5至10个。在电脑里存好打印桌签的模板，并带好同色打印纸。

7. 制作手册

手册内容主要包括住房名单、会场安排表、用餐时间地点及小组秘书联系方式等。手册由小组秘书编写，组长把关确认后，打印装订成册。

8. 购买餐票

小组秘书在大会报到当天到大会财务组领取本组工作人员的餐卡（备现金押金）；用公务卡购买一张储值餐卡，供来访的工作人员临时用餐，在会议结束后进行结算并开具发票。

二、会议期间工作

1. 委员报到事项

——委员报到

3月1至2日为委员报到时间，按照大会安排在指定地点设置报到台。报到前一天,将委员手册等资料装入政协大会委员文件袋,委员报到分发至委员,并协助委员刷会议卡完成报到程序。

——结转党组织关系、通知会议

按照党员名单,带领委员持介绍信结转党组织关系。

2. 委员参加会议

——组织委员参加全体大会

上会前,小组秘书提前到停车场,记录委员上车情况,临开车时,如有委员未赶到应及时打电话;委员上车时,留意并提醒委员带好出席证。大会结束前,小组秘书提前到停车场组织委员返程。按要求及时领取和向委员发送会议材料。要求收回的材料应及时收回。

——组织小组讨论会

提前一天到会场和服务员沟通坐席摆放要求,摆放桌签、检查话筒、安装打印机等。按要求及时领取和向委员发送会议材料。要求收回的材料应及时收回。

3. 编报简报

——小组讨论记录、摘编简报

根据会议的安排,每次小组讨论,小组秘书都要对每位委员的发言进行记录,并整理成简报。简报一般不超过200字,每位委员发言后,小组秘书迅速整理并打印,请委员当场修改后签字。小组秘书应按照大会简报组规定的格式编辑简报;编辑完成后小组秘书在记录人栏签字,再交由小组长审签后,方可报送。简报报送时间一般为会议结束后1至2小时内。

——记录存档

在政协大会结束前,小组秘书应将每次讨论的小组记录按规定格式进行整理,统一移交政协简报组存档。

4. 大会提案工作

——协助委员提交个人或联名提案

委员可通过政协专门网上平台报送提案和到政协大会设在会议住地的专门工作组提交提案。小组秘书予以协助。

——九三学社界别提案征求意见

根据社中央工作安排,每年的界别提案需本界别委员半数以上同意。社中央参政议政部一般在大会召开前半个月左右将拟作为界别提案的文稿并征求意见表发至每一位委员。报到时请尚未反馈意见的委员填写征求意见表。小组秘书对委员意见进行汇总后,张榜向委员公布同意作为九三界别提案的目录,并报送政协大会。

5. 两会期间社中央主席会、常委会、委员代表座谈会

——总体会务工作

办公厅相关处室按照相关会议筹备工作流程筹备。

——界别委员驻地人员参会的相关组织工作

与办公厅文秘处、机关事务管理处等衔接。具体视召开地点情况而定,如在住地召开,需要联系准备会场、会标等;如在机关召开,需要联系接送委员事宜,一般由小组秘书组组长和住地的全国政协会议组联系协调、安排车辆,小组秘书跟车组织委员往返。

6. 新闻宣传工作

联系、组织新闻宣传事宜。协助媒体联系委员并做好采访工作。

7. 委员事务服务

——车辆调度

委员用车,需提前预约时间、地点,小组秘书提醒委员并引导上车。

——返程登记

会议日程过半,根据政协通知,请委员们做好返程登记,小组秘书负责登记、取票、送票等。

——送站

按照政协要求回收会议卡和房卡,根据委员返程时间送别委员。

——保密材料清理

协助清理委员留在房间的会议材料,装入保密袋后交由会议指定的工作组统一处理。

8. 会后工作

——撰写九三 12 组秘书组工作总结

——为社中央领导准备会议精神传达提纲

(执笔人:刘华)

社中央机关工作

办事

人事

财务

后勤事务

档案管理

信息网络

值班

领导事务服务

对外联络事务

专门机构事务服务

机关退休人员事务

社员来信来访处理

人事

一、社中央机关公务员职务晋升

（一）依据主要文件

——《中华人民共和国公务员法》

——《公务员职务任免与职务升降规定（试行）》（中组发〔2008〕7号）

——2014年1月，新修订颁布的《党政领导干部选拔任用条例》

——《民主党派中央机关局级干部任免、调配工作办法》

——《九三学社中央机关干部选拔任用工作办法》

——《九三学社中央机关公务员职务任免与职务升降规定》

（二）科级非领导职务晋升

1. 晋升科级非领导职务应具备的基本条件

（1）坚持以马克思列宁主义、毛泽东思想、邓小平理论、"三个代表"重要思想和科学发展观为指导，学习贯彻习近平总书记系列重要讲话精神，思想上、政治上、行动上同党中央保持高度一致。

（2）具有中国特色社会主义坚定信念，忠于职守，勤勉尽责，努力提高工作效率，服从和执行上级依法做出的决定和命令。

（3）有较强的事业心和政治责任感，有实践经验，有胜任工作的能力、文化水平和专业知识。

（4）保守国家秘密和工作秘密。

（5）遵守纪律，恪守职业道德，遵守社会公德。

（6）清正廉洁，公道正派。

2. 晋升科级非领导职务应具备的基本资格

（1）具有大学专科以上文化程度。

（2）晋升主任科员职务的，应当任副主任科员三年以上。

（3）晋升副主任科员职务的，应当任科员三年以上。

（4）具有正常履行职责的身体条件。

（5）其他应当具备的资格。

3. 晋升科级职务程序

（1）机关人事部门提出符合晋职条件人员名单。

（2）拟晋职人选所在部门召开全体会议。拟晋职人选作近三年工作总结，本部门同志作民主评议，并进行民主测评。

（3）拟晋职人选所在部门根据民主测评情况、人选一贯表现，提出部门晋职意见。

（4）机关人事部门根据拟晋职人选部门意见和民主测评情况，提出晋职意见，经秘书长审批后，提交机关秘书长办公会议集体讨论决定。

（三）局处级干部选拔任用

1. 局处级干部应当具备的基本条件

（1）自觉坚持以马克思列宁主义、毛泽东思想、邓小平理论、"三个代表"重要思想和科学发展观为指导，深入贯彻习近平总书记系列重要讲话精神，努力用马克思主义立场、观点、方法分析和解决实际问题，坚持讲学习、讲政治、讲正气，思想上、政治上、行动上同党中央保持高度一致，经得起各种风浪考验。

（2）具有共产主义远大理想和中国特色社会主义坚定信念，坚决执行党的基本路线和各项方针政策，立志改革开放，献身现代化事业，在社会主义建设中艰苦创业，树立正确政绩观，做出经得起实践、人民、历史检验的实绩。

（3）坚持解放思想、实事求是、与时俱进、求真务实，认真调查研究，能够把党的方针政策同本党派本部门实际相结合，卓有成效地开展工作，讲实话，办实事，求实效，反对形式主义。

（4）有强烈的革命事业心和政治责任感，有实践经验，有胜任领导工作的组织能力、文化水平和专业知识。

（5）正确行使人民赋予的权力，坚持原则，敢抓敢管，依法办事，清正廉洁，勤政为民，以身作则，艰苦朴素，勤俭节约，密切联系群众，坚持群众路线，自觉接受组织和群众的批评和监督，加强道德修养，讲党性、重品行、作表率，带头践行社会主义核心价值观，做到自重、自省、自警、自励，反对官僚主义，反对任何滥用职权、谋求私利的不正之风。

（6）坚持和维护民主集中制，有民主作风，有全局观念，善于团结同志，包括团结同自己有不同意见的同志一道工作。

2.提拔担任局处级职务应当具备的基本资格

（1）提任处级领导职务的，应当具有五年以上工龄和两年以上基层工作经历。

（2）提任处级以上领导职务的，一般应当具有在下一级两个以上职位任职的经历。

（3）提任处级以上领导职务，由副职提任正职的，应当在副职岗位工作两年以上，由下级正职提任上级副职的，应当在下级正职岗位工作三年以上。

（4）提任巡视员职务，应当任局级副职领导职务或者副巡视员五年以上。

（5）提任副巡视员职务，应当任处级正职领导职务或者调研员五年以上。

（6）提任调研员职务，应当任处级副职领导职务或者副调研员四年以上。

（7）提任副调研员职务，应当任主任科员四年以上。

（8）应当在规定任职资格年限内的年度考核结果均为称职以上等次。

（9）一般应当具有大学专科以上文化程度，其中局级领导干部一般应当具有大学本科以上文化程度。

（10）应当经过党校、行政院校、干部学院或者组织（人事）部门认可的其他培训机构的培训，培训时间应当达到干部教育培训的有关规定要求。确因特殊情况在提任前未达到培训要求的，应当在提任后一年内完成培训。

（11）具有正常履行职责的身体条件。

（12）符合有关法律规定的资格要求。

3.局处级干部提拔任用程序

（1）动议

①机关人事部门每年年初根据机关职位空缺情况和工作需要，提出启动机关干部选拔任用工作意见，经社中央分管领导和主要领导研究同意后，提出工作建议方案初稿。

②工作建议方案初稿经机关人事工作小组充分酝酿，并征求主席办公会议成员意见进一步修改完善后，提交主席办公会议集体研究原则通过。

③通过后的工作方案，如涉及局级干部选拔任用，由机关人事部门与相关部门沟通并报批后启动。

（2）民主推荐

①民主推荐包括会议推荐和个别谈话推荐。民主推荐结果作为选拔任用的重要参考，在一年内有效。会议推荐由机关全体干部和职工代表参加，参加人数一般要达到应参加人数的80%以上。个别谈话推荐一般由社中央专职领导、正副秘书长及各部门主要负责人参加。

②实行民主推荐预告制度。预先公布民主推荐的时间、地点、职务职数、任职条件要求、符合条件干部名册和推荐比例。

③正局级干部人选，由有关部门进行民主推荐，结果向社中央主要领导反馈；副局级和处级干部人选，由机关人事部门进行民主推荐，结果报社中央分管领导。其中，副局级干部人选结果还须向有关部门反馈。

（3）考察

①机关人事部门根据工作需要和干部德才条件，综合考虑民主推荐情况和平时考核、年度考核、一贯表现、人岗相适等情况，按拟晋升职数的一定比例提出考察对象建议人选意见。在此基础上，机关人事工作小组充分酝酿，初步提出等额考察对象建议人选及拟任职务，并提交主席办公会议集体研究审议。其中，局级考察人选应报经有关部门审批。

有下列情形之一的，不得列为考察人选：群众公认度不高的；近三年年度考核结果中有被确定为基本称职以下等次的；有跑官、拉票行为的；配偶已移居国（境）外，或者没有配偶、子女均已移居国（境）外的；受到组织处理或者党纪政纪处分影响使用的；其他原因不宜提拔的。

②考察拟任人选，应当保证充足的考察时间，并进行考察预告。正局级干部考察人选，由有关部门进行考察，向社中央主要领导反馈考察情况，并交换意见；副局级和处级干部考察人选，由机关人事部门进行考察。其中，副局级干部人选的考察情况还须向有关部门反馈。

③考察采取个别谈话、同考察对象面谈、查阅干部档案和核查个人有关事项报告等方法，全面考察干部的德、能、勤、绩、廉情况，突出考察政治品质和道德品行，注重考察工作实绩，加强作风考察，强化廉政情况考察。

④局级干部个别谈话范围：社中央专职副主席、正副秘书长、各部门主要负责人、人选所在部门局级干部和各处室主要负责人、机关财务部门主要负责人；副局级职务考察人选还应包括其所在或所分管处室全体干部。

处级干部个别谈话范围：分管副主席，人选所在部门局级干部、各处室主要负责人和所在处室全体干部，机关财务部门主要负责人。

被考察人岗位任现职不满两年的，考察谈话范围须延伸到原任职部门。

⑤考察后形成书面考察材料，内容包括：考察对象德、能、勤、绩、廉等方面的主要表现和主要特长，主要缺点和不足，以及民主推荐等有关情况。考察材料必须真实、全面、准确、清楚地反映考察对象的情况。

（4）讨论决定

干部任免事项必须经过主席办公会议集体讨论决定，必须有三分之二以上成员到会，并保证与会成员有足够时间听取情况介绍、充分发表意见。与会成员应当发表同意、不同意或者缓议等明确意见，以应到会成员超过半数同意形成决定。

根据民主推荐和考察情况，主席办公会议集体讨论提出局级干部的拟任免意见。正局级领导职务干部人选，报有关部门审批后，提交主席会议审议，由常委会决定任免；正局级非领导职务干部人选和副局级干部人选，报有关部门审批后，提交主席会议决定任免。处级干部人选，由主席办公会议集体讨论决定任免。如有拟破格提拔人选，在主席办公会议讨论决定前，须报经有关部门审批。

（5）任职

①实行任职前公示制度。涉及破格提拔的，还应当说明破格的具体情形和理由。公示期不少于五个工作日。公示结果不影响任职的，印发任免通知。任职时间按规定从履行任免程序之日起计算。

②实行任职谈话制度。局级干部由分管副主席进行，处级干部由人事部门主要负责人进行，肯定成绩，指出不足，提出要求，进行廉洁自律教育。

③提拔担任领导职务（含非领导职务转任同级领导职务），实行任职试用期制度。试用期为一年。试用期满后，由机关人事部门进行考核，报主席办公会议集体讨论。胜任现职的，正式任职；不胜任的，免去试任职务，一般按试用前职级安排工作（局级干部在决定免去试任职务前，须报经有关部门同意）。

试用期满考核的程序：

a.个人述职和民主测评。局处级干部试用期满后，在部门全体干部会议上作试用期工作述职，并进行民主测评。如试用期考核与年度考核相近，可依据年度考核个人述职和民主测评情况，不再单独进行。

b.个别谈话。局级职务干部，听取分管副主席、人选所在部门局级干部和各处室主要负责人意见；处级职务干部，听取人选所在部门局级干部和各处室负责人意见。

c.机关人事部门根据被考核人在试用期间的政治思想表现、组织领导能力、工作作风、工作实绩和廉洁自律等情况,特别是对所任职务的适应能力和履职情况,提出试用期考核意见,经分管领导审批后,提交主席办公会议集体讨论决定。

(四)破格或越级提拔

晋升职务,应当逐级提拔。特别优秀的干部,可以按照规定突破任职资格规定或者越级晋升职务(越级提拔)。

破格提拔的特别优秀干部,应当德才素质突出、群众公认度高,并且符合下列条件之一:在关键时刻或者承担急难险重任务中经受住考验、表现突出、作出重大贡献;在条件艰苦、环境复杂、基础差的地区或者单位工作实绩突出;在其他岗位上尽职尽责,工作实绩特别显著。

破格提拔干部必须从严掌握。不得突破规定的基本条件和资格要求。任职试用期未满或者提拔任职不满一年的,不得破格提拔。不得在任职年限上连续破格。不得越两级提拔。

二、公务员年度考核

(一)依据主要文件

——《中华人民共和国公务员法》

——《公务员考核规定(试行)》

——《公务员奖励规定(试行)》

——《九三学社中央机关公务员考核办法》

——《九三学社中央机关公务员奖励办法》

（二）考核对象

在职局级及以下职务公务员。

（三）组织领导

年度考核统一在社中央主席办公会议领导下进行，突出群众民主参与，强化分管副主席、部门负责人的重要职责和领导作用。办公厅人事处承担具体联系、协调、服务工作。

（四）考核内容及标准

1. 考核内容

年度考核以公务员的职位职责和所承担的工作任务为基本依据，全面考核德、能、勤、绩、廉，重点考核工作实绩。

德，是指思想政治素质及个人品德、职业道德、社会公德等方面的表现。能，是指履行职责的业务素质和能力。勤，是指责任心、工作态度、工作作风等方面的表现。绩，是指完成工作的数量、质量、效率和所产生的效益。廉，是指廉洁自律等方面的表现。

2. 考核标准

考核结果分为优秀、称职、基本称职、不称职四个等次。

（1）确定为优秀等次须具备下列条件：

思想政治素质高；精通业务，工作能力强；工作责任心强，勤勉尽责，工作作风好；工作实绩突出；清正廉洁。民主测评分数一般应在90分以上。

（2）确定为称职等次须具备下列条件：

思想政治素质较高；熟悉业务，工作能力较强；工作责任心强，工作积极，工作作风较好；能够完成本职工作；廉洁自律。民主测评分数一般应在70分以上。

（3）具有下列情形之一的，应确定为基本称职等次：

思想政治素质一般；履行职责的工作能力较弱；工作责任心一般，或工作作风方面存在明显不足；能基本完成本职工作，但完成工作的数量不足、质量和效率不高，或在工作中有较大失误；能基本做到廉洁自律，但某些方面存在不足。民主测评分数一般应在60分以上、70分以下。

（4）具有下列情形之一的，应确定为不称职等次：

思想政治素质较差；业务素质和工作能力不能适应工作要求；工作责任心或工作作风差；不能完成工作任务，或在工作中因严重失误、失职造成重大损失或者恶劣社会影响；存在不廉洁问题，且情形较为严重。民主测评分数一般不满60分。

（五）优秀等次人数及分配

年度考核优秀等次人数，一般掌握在机关参加年度考核的公务员总人数的15%以内，最多不超过20%。

根据局级公务员人数和各个部门人数，分别分配确定优秀人数。若因四舍五入原因导致总数与分配数不同的，前者高的，则多余未分配的作为机动名额；后者高的，则须调减某部门名额，确保总数不超标。

（六）考核程序与方法

1. 撰写年度部门工作总结和个人述职报告

部门工作总结分为部门总结和部门内部各处室总结，主要包括本年度部门（处室）贯彻落实社中央的决策部署、完成目标任务、改革创新、作风建设、存在的问题和改进措施等方面的情况。

个人述职报告主要包括本年度个人思想政治状况、履行岗位职责、完成重点工作、廉洁自律、存在的问题和改进措施等方面的情况。

2. 述职和民主测评

（1）局级公务员集中述职并民主测评。召开机关全体干部和职工代表大会,由社中央领导主持,局级干部分别进行个人年度工作述职。在此基础上,与会人员对局级公务员进行民主测评,测评结果由办公厅人事处统计后报分管副主席。

(2)部门进行工作总结并民主测评。各部门分别进行工作总结,由部门负责人主持,办公厅人事处派员参加。部门负责人作部门年度工作总结;处室负责人作处室年度工作总结;处级及以下公务员进行个人年度工作总结。在此基础上,对部门处级及以下公务员进行民主测评,测评结果由办公厅人事处统计后报部门负责人。

3. 填写《公务员年度考核登记表》

根据个人年度工作总结情况认真填写《公务员年度考核登记表》(以下简称《登记表》)。局级公务员将填写好的《登记表》交部门分管副主席;处级及以下公务员将填写好的《登记表》交部门负责人。

4. 提出考核等次建议

结合个人年度工作总结、平时表现情况、民主测评结果及个别谈话情况,分管副主席在局级公务员的《登记表》中提出评鉴意见和考核等次建议;部门负责人在处级及以下公务员的《登记表》中提出评鉴意见和考核等次建议。由办公厅人事处汇总,提交主席办公会议审议。

5. 考核等次确定

主席办公会议综合民主测评结果、分管副主席和部门负责人的考核等次建议审定全体公务员的考核等次,并研究确定奖励实施方案。

6. 考核结果公布

(1)对考核等次为优秀的公务员在机关范围内公示5个工作日。

(2)办公厅人事处将考核结果(包括被考核人民主测评分数)反馈给部门负责人,由部门负责人将考核结果通知被考核公务员。

（3）被考核公务员在《登记表》中签署本人意见后，交办公厅人事处归档。

（4）召开机关全体人员大会。总结本年度工作情况，宣布年度考核结果。对机关优秀等次工作人员进行表彰奖励。

三、统发工资管理

（一）主要内容

根据人员变动（如人员增加、减少等）、工资变动（如职务晋升、转正定级、晋级晋档、年终奖、津补贴变动等）情况，核算在职人员统发工资、退休人员工资。

（二）基本流程

（1）每月15日之前，核算在职、退休人员工资变化情况（基本工资、规范性津补贴、国家统一津补贴、改革性补贴、养老保险、职业年金等）。

（2）将工资福利变动通知单交财务部门。

（3）财务部门反馈代扣项情况。

（4）根据每月工资变动情况，维护统发工资人员与工资管理系统数据，并形成工资核定表、上报说明，生成报表数据。

（5）每月16-20日（双休日顺延）将工资材料报人社部工资福利司审核。由人社部工资福利司审核汇总后，统一报送财政部。

（三）注意事项

（1）3月或4月核算年终奖、晋级晋档情况等。

（2）6-9月核算防暑降温费。

（3）10月核算采暖补贴。

（4）12月重新核算下一年度养老保险、职业年金等。

四、局级干部医疗证办理

（一）办证基本条件

（1）年满50周岁以上；

（2）领导职务且试用期满；

（3）合同医院为北大医院。

（二）办理程序

（1）在"医疗管理系统"中填写干部个人信息，并生成报送数据。

（2）将有关材料送至中央统战部按程序办理。材料包括：干部医疗人员报表（4份）、任职文件复印件。

（3）工作人员带有关材料到卫计委保健局医疗处办理医疗证。材料包括：中央统战部反馈的干部医疗人员报表（3份）、任职文件复印件、1张一寸彩色照片、系统上报数据（刻盘）。

（4）从外单位调入的，办理新证时须把原医疗证一并交卫计委保健局医疗处。

（以上内容如遇政策调整，以最新要求为准。）

（执笔人：阮赐远、宋奎伟、李凡）

财务

一、预算编制流程

（一）依据主要文件

《中华人民共和国预算法》，财政部关于编报下一年度部门预算的通知以及《九三学社中央机关部门预算管理暂行办法》。

（二）编制原则

机关的各项收入和支出全部纳入预算管理。

厉行节约，反对奢侈浪费，量入为出，保证重点，控制一般，科学精细，从严从紧编制预算。

（三）编制程序

按照"二上二下"程序进行编制。

"一上"是把人员、固定资产和项目基本情况报财政部。

"一下"是财政部下达预算控制数。

"二上"是根据"一下"控制数编报预算。

"二下"是经两会审议通过后，财政部正式下达预算。

（四）编制范围及要求

1. "一上"预算编制范围及要求

（1）基本支出测算。填报基础信息数据库，包括人员编制、实有人数、办公楼及车辆相关情况、退休人员津贴补贴等。

（2）项目储备。根据财政部当年对预算编制的总体要求编制项目库和支出规划。如有新增项目除确定开展年限不超过5年（含）的，和特殊必须设为其他的项目都设为专项业务费项目。二级项目要经审核、规范及整合，控制项目数量。所有入库项目都要设置绩效目标。根据轻重缓急对备选项目进行排序。

（3）项目评审。支出总额在100万元以上的一级项目属于评审范围。办公厅根据有关规定及工作实际确定评审项目。

（4）项目支出规划。三年滚动支出规划，各年度项目支出规模原则上不得超过上年规模。内容包括举办大型活动、参政议政调研、组织建设、思想建设、社会服务、召开大型一类会议、购置大项物资、办公楼及大型设备运行维护、信息网络建设、专委会工作经费等。

（5）项目编报文本。包括立项依据及主要内容、实施方案及可行性报告、项目支出计划、支出预算明细表、三年中期绩效目标申报表及年度绩效目标申报表。

2. "二上"预算编制范围及要求

（1）公用支出预算编制。根据财政部"一下"预算控制数和上年度预算执行情况编制。内容主要包括办公费、印刷费、会议费、差旅费、调研费、培训费、资料费、公务接待费及其他日常公用支出等。

（2）项目支出预算编制。根据财政部预算"一下"控制数和"一上"预算编制。如"二上"项目内容较"一上"有变化须提供新的项目主要内容、实施方案及可行性报告、项目支出计划、支出预算明细表、三年中期绩效目标申报表及年度绩效目标申报表。

（3）编报说明。内容包括人员情况、预算总体情况、基本支出预算情况、项目支出情况、三年滚动规划情况及其他需要特殊说明的事项。

（五）审批程序及编报时间

（1）8月10日前，"一上"预算报办公厅主任审核、分管办公厅的副主席审签，常务副主席审批后，纸质及电子数据报财政部。

（2）12月10日前，"二上"预算报办公厅主任审核、分管办公厅的副主席审签，常务副主席审批后，纸质及电子数据报财政部。

（六）预算软件安装及操作

1. 软件安装

直接安装财政部下发软件光盘，或者在财政部外网预算司频道信息中心的下载园地下载软件并安装。

2. 软件操作

（1）导入财政部下发的项目信息。

（2）选择"基础资料"，根据财政部当年的编报说明进行相关模块的填报。

（3）选择"项目管理"项，点击"一上"编制，新增的二级项目，通过一般公共预算二级项目管理→新增以后年度项目进行操作。

在原有项目库中须进行调整的二级项目，通过项目调整→一般公共预算项目调整进行操作。

（4）选择"部门预算"项，点击"一上"编制→预算编制→按顺序选择报表进行填报。

（5）数据审核。

（6）生成报表。

（7）导出上报数据，刻盘。

"二上"操作同上。

（七）报表打印、装订

1. 打印

（1）报表金额默认万元，A3 纸打印。

（2）编报说明需要分栏，并 A3 纸打印。

2. 装订顺序

函→报表封面→编报说明→其他需要说明的文档→预算表

二、部门预算

（一）部门预算工作人员组成

社中央机关建立机关预算编制工作小组制度。各部门确定预算工作人员，组成机关预算编制小组。

（二）纳入部门预算工作的资金性质和编制范围

资金性质为当年预算财政资金。部门预算的编制范围包括基本支出和项目支出预算。基本支出预算包括公用支出预算和人员支出预算，其中人员支出预算由财政部统一核定，不需编报。

（1）公用支出预算。包括印刷费、会议费、差旅费、调研费、培训费、资料费、公务接待费及其他日常公用支出。

（2）项目支出预算。包括举办大型活动、召开大型会议、购置大项物资、办公楼及大型设备运行维护等专项重点工作的经费开支。编制项目支出预算，须出具项目申报文本，包括项目申请理由及主要内容、可行性报告、支出预算明细表。

（3）大额采购预算。根据部门工作需要和《九三学社中央机关采购管理办法（试行）》第三章采购预算的规定编制。

（三）预算编制原则

（1）机关的各项收入和支出应当全部纳入预算管理，统筹安排使用。

（2）部门预算编制要以厉行节约、反对奢侈浪费为原则，量入为出，保证重点，控制一般，科学精细，从严从紧编制预算。

（3）项目预算编制，须在申报项目前期，对项目进行严格的审核、专家论证、遴选和排序。申报的项目支出预算总额，原则上控制在上年度安排项目预算总额的110%以内。

（4）财政部按照定员定额标准核定公用支出预算，如财政部的定额标准未有提高则各部门编制公用支出预算时原则上不得超过上年规模。

（四）部门预算编报程序及时间

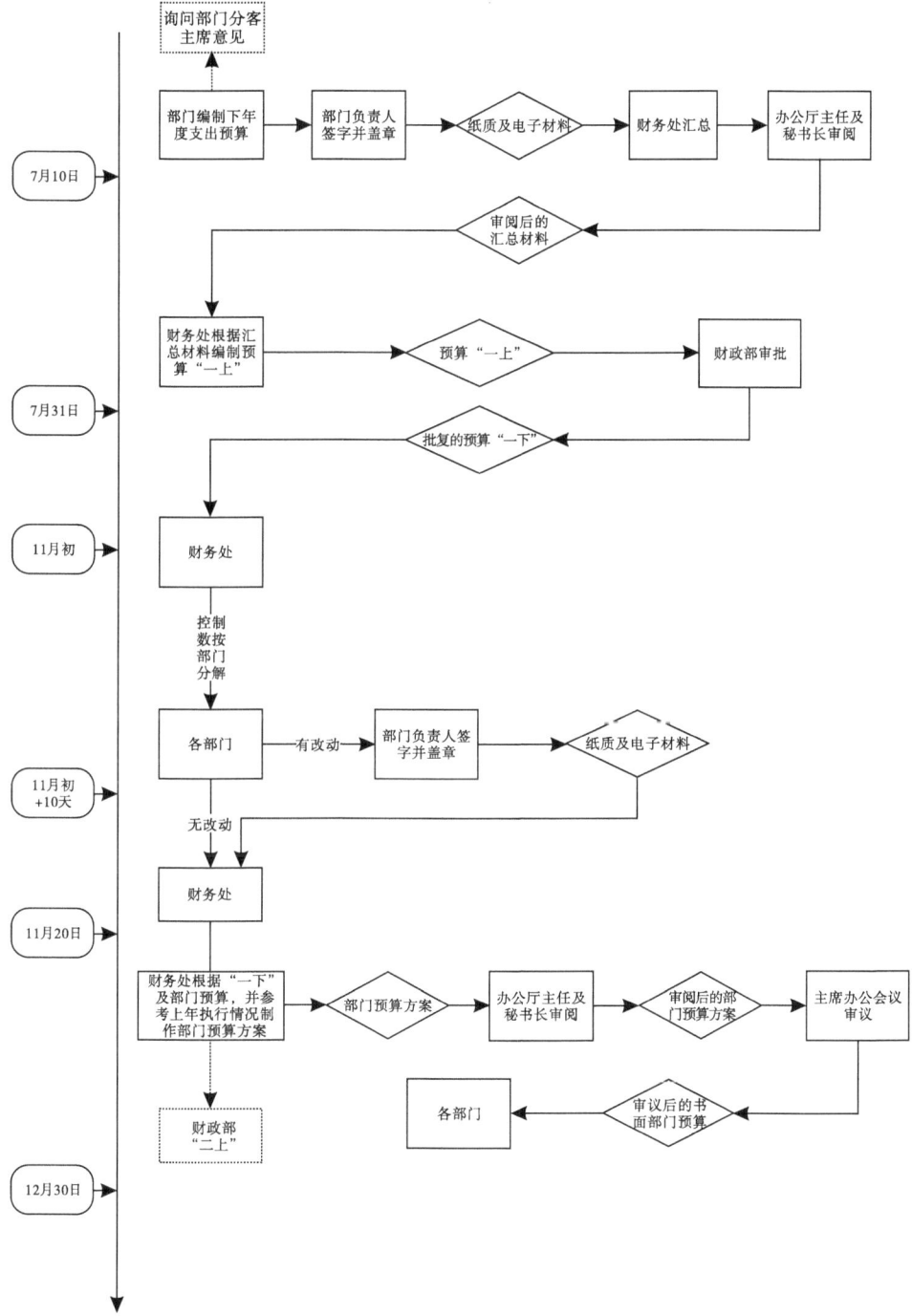

（五）部门预算执行进度

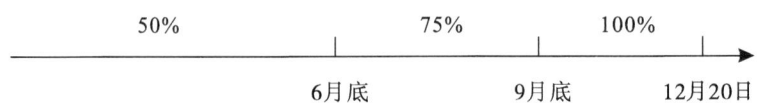

6月底前完成全年计划的50%，9月底前完成全年计划的75%，12月20日前完成全年计划。

（六）追加预算

部门预算一经主席办公会审议通过，不得变更。但部门确因特殊情况需要追加预算的，应先向财务处提出部门预算追加申请。财务处依据有关规定，提出意见，送办公厅主任审核并报秘书长审批。其中，追加预算超过5万元（含5万元）的支出须经社中央常务副主席审批。追加预算较大的，须提交主席办公会议研究决定。

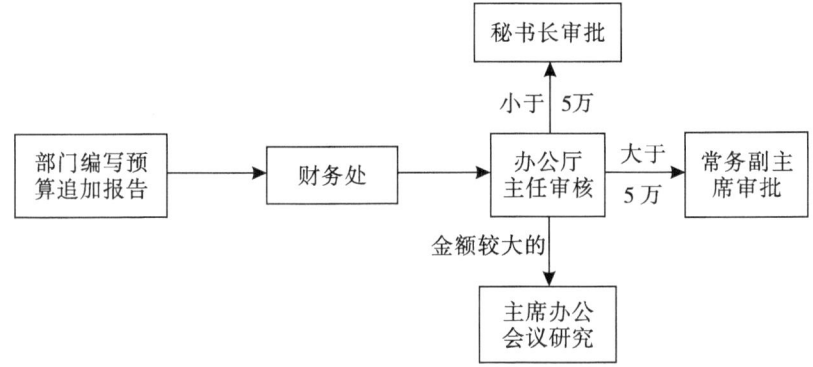

三、决算工作流程

（一）决算编报口径

与预算口径衔接一致。

（二）决算工作开始时间

每年初，上一年度记账工作结束后并且软件可以下载后开始。同时提醒民主与科学杂志社做决算。

（三）数据来源

年底结账后的全口径经费和仅零余额经费的各一张经费支出明细表、资产负债表、政府采购统计信息、机关服务中心提供的"公务接待明细审批单"（须自行汇总）、人事处提供的"因公临时出国任务和预算审批意见表"和在职及离退人员数量、机关事务管理处提供的公车情况。

（四）软件及参数下载位置

财政部网站→司局频道国库司→软件下载→当年决算软件及参数→下载

（五）软件安装

根据决算软件安装说明进行软件安装和装填参数。

（六）部门决算编报体系

基础数据表→填报说明→分析评价表→分析报告→其他需要说明的事项

（七）基础数据表的填写

基础数据表反映部门收支预算执行结果、资产负债、人员机构、资产配置使用以及事业发展成效等信息。包括封面、主表和附表合计

25-30张表。

1. 封面

（1）单位名称：九三学社中央委员会（本级）。

（2）财政预算代码：278001。

（3）单位预算级次：2。

（4）新报因素：0。

（5）报表类型：0。

以上为不存在拨给不属本套表编报范围单位经费或接收不属本套表编报范围单位拨款的情况。

如存在拨给不属本套表编报范围单位经费或接收不属本套表编报范围单位拨款的情况时，拨给不属本套表编报范围单位经费的情况，单位名称仍然是九三学社中央委员会（本级）；接收不属本套表编报范围单位拨款的情况，根据拨款单位要求写，一般是九三学社中央委员会办公厅。新报因素为1，报表类型为1。

2. 主表

主表是体现预算执行情况的表，填列顺序为：

（1）全口径资金：财决05-1表→财决05-2表→财决03表→财决04表→财决02表。

（2）一般公共预算财政拨款资金：财决08-1表→财决08-2表→财决07表。

（3）填完以上8个表后再填财决01表。然后剩余主表按顺序填好。

注意：财决05-2表和财决08-2表的项目支出决算明细表在填列时须注意会议、差旅、培训、其他等的费用，根据经费支出明细表和电脑账进行分拆和整合。

资产负债表的填报口径为全口径。

3. 附表按顺序填列

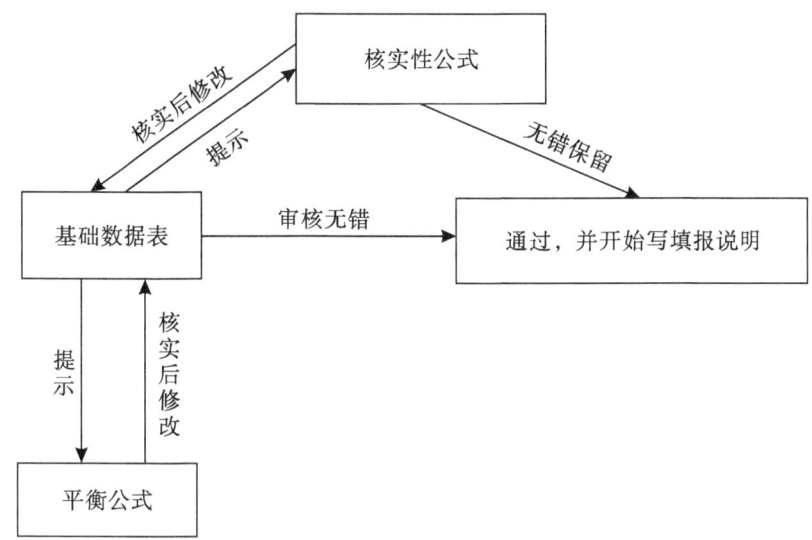

4. 基础数据表填好后进行审核

对审核出现的基本平衡公式检查出的错误数据进行核实后修改，对审核出现的核实性公式提示，根据实际情况改动或保留并写说明。

（八）填报说明

完全根据培训材料或《部门决算报表编制手册》上填报说明的格式填写。

注意：基础数据表中核实性公式提示的无错保留的内容，需要在此处最后写明原因。

（九）分析评价表

分析评价表为决算报表中自动取数生成，不需自己填写。

（十）决算分析报告撰写提纲

1. 单位情况

（1）主要职能。

（2）机构情况，包括当年变动情况及原因。

（3）人员情况，包括当年变动情况及原因。

（4）当年单位工作开展情况及主要事业成就。

2. 收入支出预算执行情况分析

（1）收入支出预算安排情况：包括单位预算的收支安排、与上年的对比及增减变动等，需要写明原因。

（2）收入支出预算执行情况：包括预算与预算执行情况的对比、各项收入比重、三公经费支出情况、会议费支出情况等，需要纵向横向分析，并使用图表工具使分析直观化。

（3）年末结转和结余情况：说明结余资金来源及原因。

（4）当年预算执行中存在问题、原因及改进措施。

3. 资产负债情况分析

（1）资产负债结构情况。

（2）资产负债对比分析。

4. 本年度部门决算等财务工作开展情况

（1）本单位财物管理、决算组织、编报、审核情况。

（2）本单位决算管理及报表设计的意见建议。

（3）对加强部门决算数据分析利用工作的建议。

注意：收入支出预算执行情况分析可参考部门决算分析评价表及行政事业单位财务分析指标（指标见《部门决算编制手册》，经济科学出版社，p133）。由于分析报告页数较多，需要制作目录。

（十一）其他需要说明的文档

（1）结转结余资金本年初与上年末不一致的情况说明。

（2）资产负债表本年初与上年末不一致的情况说明。

（3）主要指标上下年变动幅度超过20%的原因说明。

（4）其他收入构成情况表。

（5）机关运行经费支出情况及上下年变动原因说明。

（6）政府采购支出情况说明。

（十二）报表打印、装订

1. 打印

基础数据表在决算填报系统里选择套表打印，金额处修改成万元，保留两位小数，默认为 A3 纸打印。填报说明需要分栏，并 A3 纸打印。分析报告需要分栏，并 A3 纸彩色打印。其他需要说明的文档除上下年变动情况表外应全部放入填报说明中。

2. 装订顺序（建议）

总封面→填报说明（A3）→分析报告（A3）→基础数据表（自带封面）→分析评价表→上下年变动情况表（A3）

（十三）决算报财政部

将以中央发文的决算纸质版材料和电子版材料在财政部要求的时间前（一般是 3 月 20 日）报送财政部行政政法司三处，三处审核无误后签发审核记录表。凭审核记录表参加决算会审。

（十四）决算会审

决算报财政部后，财政部安排统一会审。会审时间根据财政部通知，一般在 4 月份，带纸质和电子版决算数据及审核记录表去财政部指定地点参加决算会审。

注意：参加会审一定要带笔记本电脑，空白光盘。

四、津贴补贴及个税管理

（一）工资管理

主要内容：计算、发放在职人员（包括干部和工勤人员）自发工资；退休人员、聘用工人工资。

根据人事、机关事务管理处提交的职工每月变化情况（如干部晋级晋档、购房补贴变动等），更新职工工资项目，计算扣款（个税、住房公积金、基本养老、职业年金、伙食、房租、缺勤），制作工资发放表。每月5日前发放当月工资。

序号	执行部门	工作内容
1	机关事务管理处	报在职人员购房补贴、房租变动表；聘用工人工资变化表
2	人事处	报在职、退休人员工资、津贴补贴变动通知单
3	财务处	制作工资发放表，发放工资

（1）新进人员作人员新增，职工变更卡号及时更新数据。

（2）每月15-18日人事处提交下月工资、津贴补贴变动通知单；机关事务管理处提交下月购房补贴、房租变动表，聘用工人工资变化表。纸质材料需经办处室制表人签字、处室盖章。

（3）每月20日前录入软件工资系统，生成计算下月工资数据，做好工资发放表，将纸质及电子版提交人事处。

（4）在银行代付软件中将自发工资表转换成文本格式、电子数据储存U盘。

（5）每月5日前将转账支票、U盘送交银行，发放当月在职人员自发工资和退休人员退休费、聘用人员工资。

（6）职工收到工资到账短信。

（7）打印并发放工资条。

注意事项：

（1）3月份发放上一年度年终奖。

（2）6-9月份发放防暑降温费。

（3）10月份发放当年采暖补贴。

（4）12月份重新核定下一年度住房公积金。

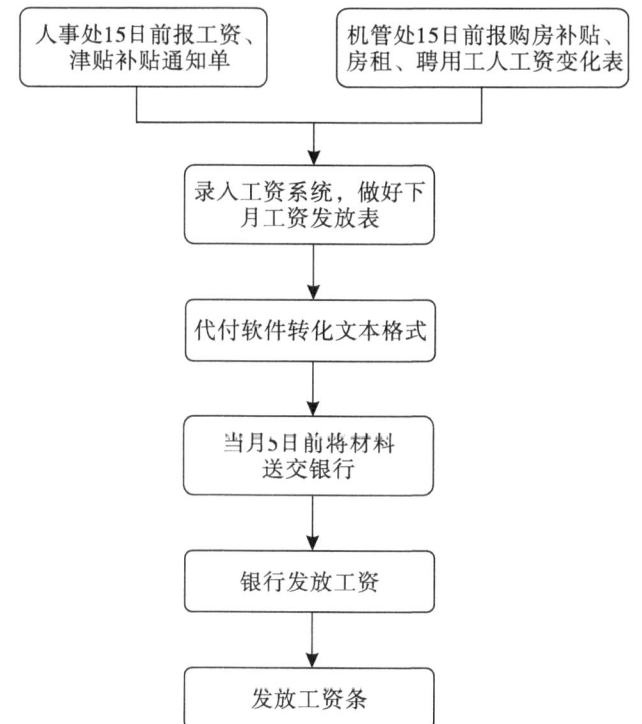

（二）个税管理

主要内容：代扣代缴全员个人所得税。

（1）每月1日—7日在北京互联网地税局客户端进行上月的个人所得税基础信息表和报告表的填报工作。（包括职工及外单位个人等）

并从系统中税款缴纳处打印出缴款书。

（2）每月1日—15日持转账支票、缴款书送交银行进行个人所得税的代缴工作。

（3）每月20日前做好下月工资发放表，并计算出应代扣职工个人的工资薪金所得税。

（4）如有聘请外单位个人从事各种劳务等情形，发放报酬时代扣个人所得税。

注意事项：

（1）每年7-9月按照上年工资发放人数计算缴纳残疾人保障基金。

（2）地税征期日历详见北京市地方税务局网站，http://shiju.tax861.gov.cn/nsfw/zqrl/zqrl.asp。

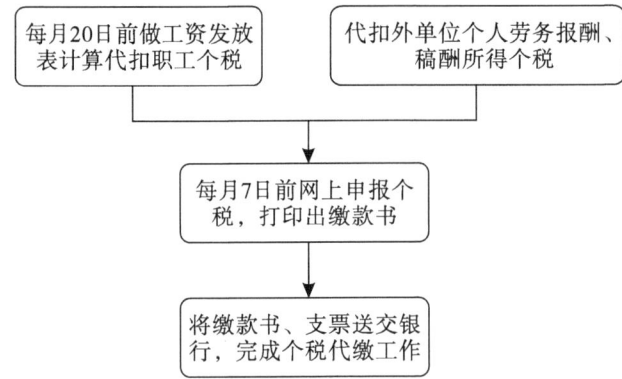

五、日常报销

（一）财务数字的写法

大写：壹、贰、叁、肆、伍、陆、柒、捌、玖、拾、佰、仟、万、元、角、分、零、整（正）。要紧邻报销单上的（大写）开始填写。

小写：要紧邻报销单上的¥符号开始填写，角分无数字的要用零补位。

一段顺口溜帮忙记忆：

财务数字有规矩，壹在首位要写明。

仟佰都有单人旁，精确到分勿写整。

小写必须顶头起，角分无数要写零。

凭单要求很严格，笔误写错重新拎。

解释：第二句，如12，大写为壹拾贰元整；第四句，如45.13，要写为肆拾伍元壹角叁分；第五句，小写必须顶格写；第六句，如小写处36要写成36.00；第八句，写错了要重新写不能涂改或划去。

（二）附件纸张的折叠示范

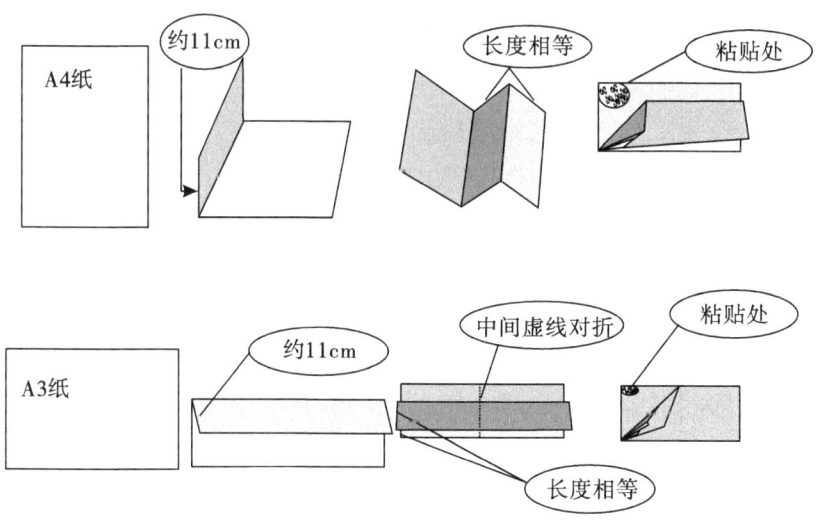

附件纸张包括出差审批备案表、合同、领导批件、工资发放签名表等所有需要附在报销单后面的A4或者A3纸张，请在报销之前折好。

(三)单据粘贴顺序

总原则是先小后大,但 pos 单总最后。

差旅费报销同类型的放一起,例如火车票在一起,飞机票在一起,住宿费在一起,其他杂票在一起。

停车费、过路费报销同金额的放一起。

火车票和保险等相对较小的可以粘贴在粘贴单上。除与火车票大小相仿的票据外,所有票据只粘左上角,与火车票大小相仿的票据粘左边整个边缘。

(四)发票和收据的开具

(1)抬头:九三学社、九三学社中央、九三学社中央委员会、九三学社中央委员会办公厅均可。

(2)项目:具体内容是什么开什么(礼品除外。因礼品不能入账,特殊需要而经营范围只有礼品的须附明细),但办公用品、书费、食品要开具明细。若没有明细的,须经营商开具带财务章和经办人签字的明细,明细内容为商品名称、数量、单价、合计金额。

(3)普通发票、增值税发票,发票丢失的须取到开票方发票存根或记账联的复印件(加盖发票章)和盖有公章的证明(注明原来发票的号码、单价、数量、金额等内容，经开票方注明"此件是我单位提供，与原件相符"的字样）后方可作为报销凭证。

（4）正规收据式样：财政部监制收据、部队收据。

（5）手写发票一律作废，手写收据正常使用。

（6）报销时，请报销人在发票或收据背面写上自己的姓名。

（五）报销单的选择和填列规范

1. 报销单的选择

（1）需要先行支付的或拨款的，使用借款单。

（2）涉及单位在职人员差旅费及被我单位邀请的外单位人员出差差旅的，使用差旅费报销单。

（3）涉及工会的，使用支出凭单。

（4）除以上三种情况外均使用费用报销单。

2. 报销单填列规范

部门：4181　　　　　　　　*差旅费报销单*　　　　　公务卡：5700
公共：3680　　　　　　　　　　　　　　　　　　　　现　金：2161
部门：参政议政部　　　　　2014年9月10日

出差人	张三、李四、王五						出差事由	赴山西参加煤矿安全调研			
出　　发				到　　达			交通工具	交通费		出差补贴		其他费用		
月	日	时	地点	月	日	时	地点		单据张数	金额	天数	金额	项目	单据张数	金额
9	6	10	北京	9	6	12	太原	飞机	3	3900	3	1460	住宿费	1	1800
9	8	12	太原	9	8	17	北京	火车	3	500			市内车费		
													邮电费		
													办公用品费		
													不买卧铺补贴		
													其他	6	201
合　　计									6	4400		1460		10	2001
报销总额	人民币 柒仟捌佰陆拾壹元整（大写）								予借旅费	¥此处不填			补领金额	¥此处不填	
													退还金额	¥此处不填	

（1）差旅费：少于三人（含三人）写所有人名字，多于三人写主要人员名字加等一行几人，如：张三李四王五或张三李四王五一行5人。

出差事由：去什么地方参加什么活动。

交通费的单据张数仅包括车票或者机票，不包括保险、订票费。

其他：退票费、快递费、保险费等与此差旅行程有关的但无法在具体项目明细中填列的，放在其他。

单据右上角：公务卡 元，现金 元。

单据左上角：部门费 元，公共 元。其中公共部分为主席费用。

附件张数：带 GP 码的机票行程单、火车票、刷卡 pos 单、出差审批备案表、参加会议或者培训的通知等报销所附材料均作为附件。

（2）费用报销单

<u>（　　　　）</u>费用报销单 支票：900　　现金：63

单位：组织部　　　2014 年　10 月　12 日 第 此处不填 号

摘　　要	组织部为欢送挂职干部钱乙聚餐餐费，共10人参加		
金　　额	人民币（大写）玖佰陆拾叁元整		￥963.00
附单据张数	1	领款人签章	赵六

审批人　　审核 财务处副处长　　证明或验收　　经手 此处不填

摘要：哪个人或部门，（因）什么原因（做）什么事情，（发生）什么费用。

如：

张三为学习领会杨佳精神购相关书籍

张三、李四等看望慰问离退休人员于甲购果篮

社史工作会议参会人员交通费

京 N39972 车购车用清洁剂 2 瓶

社会服务部为山西百名专家项目汇款

社中央江苏召开常委会会议费

张三、李四等一行 5 人赴意大利考察古典建筑住宿费　元，伙食费　元，公杂费　元

（3）借款单

借款单

资金性质：支票	2016 年 3 月 3 日
借款单位：秘书处	
借款理由：社内用语规范等编委会统筹会酒店预付金	
借款数额：人民币（大写）叁仟元整	￥3000.00
本单位负责人意见	借款人（签章）张三
机关领导批示：　　　　　　会计主管人员核批：　　　　付款记录： 　　　　　　　　　　　　　　　　　　　　　　　　年　月　日以第　　号 　　　　　　　　　　　　　　　　　　　　　　　　支票或现金支出凭单付给	

资金性质：属于预借现金的必须填列。

借款理由：哪个人或部门，（因）什么原因（做）什么事情，（发生）什么费用。

所有报销单的选择应采取一事一张的原则，不能合并。

（六）公务卡使用范围及注意事项

1. 公务卡使用范围

办公费、印刷费、咨询费、手续费、水电费、邮电费、物业管理

费、差旅费（机票及住宿费）、维修费、租赁费、会议费、培训费、公务接待费、专用材料费、公务用车运行维护费和其他交通费等十六项费用，支出金额高于200元的，必须使用公务卡、汇票或支票结算及报销；低于200元的可使用现金结算。

2. 公务卡使用注意事项

公务卡支付时，要保留刷卡pos单及发票，报销时一并贴在费用报销单后作为附件。属于离线刷卡的或刷卡pos丢失的，可手工填写，并逐笔写清楚刷卡日期、金额、姓名。

属公务卡支付的报销单，须在报销单右上角注明"公务卡"。

我机关使用交通银行公务卡，其记账日为每月18日，还款日为每月12或13日。因此，当月18日前刷卡支付，应在当月18日前报销，当月底前必须报销；当月18日后刷卡支付，须在下月底前尽早报销。

公务卡是由单位统一办理的信用卡，与个人信用卡一样，刷卡消费信息属个人信用，须个人负责，逾期不还款将会产生滞纳金，并影响个人信用等，所以一定要重视。如同事借用，应保留刷卡手机短信，并在接到催款短信时及时到财务处查询还款信息，防止同事因忘记没有及时报销（机关一般统一作公务卡还款。程序是，在平台做还款信息录入—去银行交支票及还款信息—银行需2-3天审核—划钱到公务卡账户。所以最迟要在每个月7号之前报销）。

举例：有位同事在4月8号（周二）报销，其报销单含有3月17号刷卡记录，卡的最终还款日为4月13号。即使4月8日当天在平台上做了还款，但最快9号还款支票等才能交到银行，银行审核2-3天，恰赶在临界点。一旦不能在银行完成还款，就会产生滞纳金，并影响个人信用。

（七）各类型报销单流程规范

1. 会议费报销

（1）办理时间规定

1-10月，经办人可以在会议开始之前先办理借款，或会议结束票据齐全后直接办理费用报销；11-12月，经办人只能在会议结束、票据齐全后办理费用报销，而不能借款，以防止年底财务封账票据不齐。

（2）所附单据

①借款单：收款人账号、收款人户名、收款人开户银行写在同一张纸上附在借款单后。

②费用报销单：红字开会通知、酒店出具的机打发票（发票内容开会议费）、政府采购单。如刷公务卡支付的，须附POS单。

每一类会议，在标准内会议费各项支出额度可相互调配，但比例不超过10%。会议签到表分为参会人员和工作人员，其中二类会议工作人员控制在会议代表的15%；三类会议参会人员不超过150人，工作人员控制在会议代表人数的10%以内；四类会议人员不超过50人，各部门举办的会议都属于三类或者四类。

（3）会议要求

除一类会议外，会期不得超过两天，报到和离会时间合计不得超过两天，四类会议的报到和离会时间不得超过一天。

会议须在党政机关单位出差会议定点饭店举行（详查党政机关出差会议定点饭店查询网）；款项也须汇往饭店或有单位经办人员刷公务卡支付，不得交由省级或其他机构支付；汇款账户须与开具发票账户同一，且都应为会议举办单位。

（4）签字人（签字顺序）

证明或验收：处室负责人；审核：财务处负责人；审批人：部门负责人。

2. 采购报销

（1）采购人：除特殊物品外，均需由机关事务管理处统一采购。

（2）付款方式：统一使用公务卡或者支票、汇款结算，原则上不得使用现金。

（3）一般采购所附单据

大宗货物（家具、家电、数码、传真机、打印机、台式机笔记本电脑等）、工程、服务：发票、领导批件、购买合同、使用公务卡的再附刷卡 pos 单，在国办政采品目中但未进行政采的还要提供为何不政采的说明。

小件物品采购须到正规商场超市、书店、网店购买：发票、机打小票明细单，使用公务卡的再附刷卡 pos 单。

注意：特殊书籍，可以在不能开具机打书单的书店购买，但应提供手写明细书单，并盖书店章。在小商品批发市场买的物品，可请商户开具手写并签章的购物明细（不鼓励，尽量在超市用公务卡结算）。

（4）政府采购

凡是纳入集中采购目录的政府采购项目，应当实行集中采购。

政府集中采购过程中产生的文件、描述性说明等一揽子政采所需要的材料，由负责的部门自行保管存档，财务报销所附资料为发票原件、合同复印件、领导批件复印件、电子验收单复印件。

政府项目的报销单摘要栏里要体现"政府采购"。

（5）签字人（签字顺序）

——部门预算及部门所做项目内自行采购的情况

证明或验收：部门负责人；审核：财务处负责人；审批人：分管行政的副主任。

——部门预算内委托行政统一采购的

证明或验收：行政处负责人；审核：财务处负责人；审批人：分管行政的副主任。

3. 分期结算的工程或项目款

所附单据——

第一期的款项：发票、合同（原件）、领导批件（原件）。

后期的款项：发票、合同（复印件）、领导批件（复印件）。

符合政府采购标准的项目还要附为何不政采的说明。

4. 差旅费报销

（1）出差类型的区别

①参加外单位举办的会议、培训报销，须附会议或培训通知，出差补贴只有来回两天。

②经领导同意由我单位负责差旅费的外出授课情况，须附对方邀请函，出差补贴只有来回两天。

③除培训、会议外的出差。

（2）伙食和交通补贴

伙食和交通补贴包干发放到出差人个人银行卡中，由个人自由支配。西藏、青海、新疆伙食补贴标准为120元/天，其他地区皆为100元/天；交通补贴每人每天80元。

注意：（1）中的①、②出差补贴只有来回两天，③的情况出差补贴为离抵京的自然天数。有专车人员离抵京两天只有伙食补助无市内交通补助。

（3）出差人员选择交通工具适用标准

交通工具级别	火车（含高铁、动车、全列席列车）	轮船（不包括旅游船）	飞机	其他交通工具（不包括出租小汽车）
部级及相当职务人员	火车软席（软座、软卧），高铁/动车商务座，全列软席列车一等软座	一等舱	头等舱	凭票报销
司局级及相当职务人员	火车软席（软座、软卧），高铁/动车一等座，全列软席列车一等软座	二等舱	经济舱	凭票报销
其余人员	火车硬席（硬座、硬卧），高铁/动车二等座、全列软席列车二等软座	三等舱	经济舱	凭票报销

（4）非经领导允许，处级及以下人员不能乘坐飞机；副部级及以上领导出行可带随员一名，按副部级以上领导级别报销。

（5）出差人住宿费标准（以财政部随时调整发布的为准）

中央和国家机关工作人员赴地方差旅住宿费标准明细表

序号	地区（城市）	住宿费标准			旺季地区	旺季浮动标准			
		部级	司局级	其他人员		旺季期间	旺季上浮价		
							部级	司局级	其他人员
1	北京	全市	1100	650	500					
2	天津	6个中心城区、滨海新区、东丽区、西青区、津南区、北辰区、武清区、宝坻区、静海区、蓟县	800	480	380					
		宁河区	600	350	320					
3	河北	石家庄市、张家口市、秦皇岛市、廊坊市、承德市、保定市	800	450	350	张家口市	7-9月11-3月	1200	675	525
						秦皇岛市	7-8月	1200	680	500
						承德市	7-9月	1000	580	580
		其他地区	800	450	310					

（续表）

序号	地区（城市）		住宿费标准			旺季地区	旺季浮动标准			
			部级	司局级	其他人员		旺季期间	旺季上浮价		
								部级	司局级	其他人员
4	山西	太原市、大同市、晋城市	800	480	350					
		临汾市	800	480	330					
		阳泉市、长治市、晋中市	800	480	310					
		其他地区	800	400	240					
5	内蒙古	呼和浩特市	800	460	350					
		其他地区	800	460	320	海拉尔市、满洲里市、阿尔山市	7-9月	1200	690	480
						二连浩特市	7-9月	1000	580	400
						额济纳旗	9-10月	1200	690	480
6	辽宁	沈阳市	800	480	350					
		其他地区	800	480	330					
7	大连	全市	800	490	350	全市	7-9月	960	590	420
8	吉林	长春市、吉林市、延边州、长白山管理区	800	450	350	吉林市、延边州、长白山管理区	7-9月	960	540	420
		其他地区	750	400	300					
9	黑龙江	哈尔滨市	800	450	350	哈尔滨市	7-9月	960	540	420
		其他地区	750	450	300	牡丹江市、伊春市、大兴安岭地区、黑河市、佳木斯市	6-8月	900	540	360
10	上海	全市	1100	600	500					
11	江苏	南京市、苏州市、无锡市、常州市、镇江市	900	490	380					
		其他地区	900	490	360					

（续表）

序号	地区（城市）	住宿费标准			旺季地区	旺季浮动标准			
						旺季期间	旺季上浮价		
		部级	司局级	其他人员			部级	司局级	其他人员
12	浙江 杭州市	900	500	400					
	其他地区	800	490	340					
13	宁波 全市	800	450	350					
14	安徽 全省	800	460	350					
15	福建 福州市、泉州市、平潭综合实验区	900	480	380					
	其他地区	900	480	350					
16	厦门 全市	900	500	400					
17	江西 全省	800	470	350					
18	山东 济南市、淄博市、枣庄市、东营市、烟台市、潍坊市、济宁市、泰安市、威海市、日照市	800	480	380	烟台市、威海市、日照市	7-9月	960	570	450
	其他地区	800	460	360					
19	青岛 全市	800	490	380	全市	7-9月	960	590	450
20	河南 郑州市	900	480	380					
	其他地区	800	480	330	洛阳市	4-5月上旬	1200	720	500
21	湖北 武汉市	800	480	350					
	其他地区	800	480	320					
22	湖南 长沙市	800	450	350					
	其他地区	800	450	330					
23	广东 广州市、珠海市、佛山市、东莞市、中山市、江门市	900	550	450					
	其他地区	850	530	420					
24	深圳 全市	900	550	450					
25	广西 南宁市	800	470	350					
	其他地区	800	470	330	桂林市、北海市	1-2月、7-9月	1040	610	430

（续表）

序号	地区（城市）	住宿费标准			旺季地区	旺季浮动标准			
						旺季期间	旺季上浮价		
		部级	司局级	其他人员			部级	司局级	其他人员
26	海南	海口市、三沙市、儋州市、五指山市、文昌市、琼海市、万宁市、东方市、定安县、屯昌县、澄迈县、临高县、白沙县、昌江县、乐东县、陵水县、保亭县、琼中县、洋浦开发区	800	500	350	海口市、文昌市、澄迈县	11-2月	1040	650	450
						琼海市、万宁市、陵水县、保亭县	11-3月	1040	650	450
		三亚市	1000	600	400	三亚市	10-4月	1200	720	480
27	重庆	9个中心城区、北部新区	800	480	370					
		其他地区	770	450	300					
28	四川	成都市	900	470	370					
		阿坝州、甘孜州	800	430	330					
		绵阳市、乐山市、雅安市	800	430	320					
		宜宾市	800	430	300					
		凉山州	750	430	330					
		德阳市、遂宁市、巴中市	750	430	310					
		其他地区	750	430	300					
29	贵州	贵阳市	800	470	370					
		其他地区	750	450	300					
30	云南	昆明市、大理州、丽江市、迪庆州、西双版纳州	900	480	380					
		其他地区	900	480	330					
31	西藏	拉萨市	800	500	350	拉萨市	6-9月	1200	750	530
		其他地区	500	400	300	其他地区	6-9月	800	500	350

（续表）

序号	地区（城市）	住宿费标准			旺季地区	旺季浮动标准			
							旺季上浮价		
		部级	司局级	其他人员		旺季期间	部级	司局级	其他人员
32	陕西								
	西安市	800	460	350					
	榆林市、延安市	680	350	300					
	杨凌区	680	320	260					
	咸阳市、宝鸡市	600	320	260					
	渭南市、韩城市	600	300	260					
	其他地区	600	300	230					
33	甘肃								
	兰州市	800	470	350					
	其他地区	700	450	310					
34	青海								
	西宁市	800	500	350	西宁市	6-9月	1200	750	530
	玉树州、果洛州	600	350	300	玉树州	5-9月	900	525	450
	海北州、黄南州	600	350	250	海北州、黄南州	5-9月	900	525	375
	海东市、海南州	600	300	250	海东市、海南州	5-9月	900	450	375
	海西州	600	300	200	海西州	5-9月	900	450	300
35	宁夏								
	银川市	800	470	350					
	其他地区	800	430	330					
36	新疆								
	乌鲁木齐市	800	480	350					
	石河子市、克拉玛依市、昌吉州、伊犁州、阿勒泰地区、博州、吐鲁番市、哈密地区、巴州、和田地区	800	480	340					
	克州	800	480	320					
	喀什地区	780	480	300					
	阿克苏地区	700	450	300					
	塔城地区	700	400	300					

单位：元/人·天

（6）机票、火车票的订票问题（略）

（7）签字人（签字顺序）

按出差行程的人员最高级别。

①部门预算中出差行程中处级以下的

证明或验收：处室负责人；审核人：财务处负责人；审批人：部门负责人。

②部门预算中出差行程中局级以下的

证明或验收：空；审核：财务处负责人；审批人：部门负责人。

③行程中最高领导为局级及更高领导

证明或验收：空；审核人：财务处负责人；审批人：办公厅主任。

5. 医疗费报销

（1）将绿色的费用单和处方单一起交医疗费报销岗审核，后交由财务处报销。

（2）报销比例按医疗报销文件规定的标准执行。

（3）住院可凭住院通知单在财务处预借不超过 2 万元的支票，借支票时须暂交借款金额 10% 的押金。超过 2 万的部分可以现在医院结出前一个 2 万元的单据（若医院须留押金，也可以结出减去预留押金的金额），报销后再借下一个 2 万元的支票。

6. 招待餐费报销

（1）所附单据：发票，刷卡 pos 单。

（2）填写摘要的时候要写明哪个部门招待谁一行几个人。

7. 部门项目费

（1）需要给省委拨款的

除奖励费、课题费、提案费外的报销，需要地方组织与部门签订并加盖双方公章的委托协议，省委开具收款收据，费用如何使用的明细及与之逐条对应的发票复印件，发票复印件及明细须盖省委的章并领导签字。12月份之前收齐所有票据交给财务审核报销。

课题费、奖励费、提案费的报销，需要至少部门负责人签字的拨款明细（应包括课题、提案或奖励的名称、单位、金额）、费用测算说明，金额较大的须有分管主席的内部签报，省委收到汇款后的银行收账通知书复印件加盖单位公章。

（2）除提前备过案的和从项目经费中列支的课题费、奖励费及提案费外，都不能给地方组织汇款。

给企业、医院的汇款，需要对方开具正式发票或收据。

8. 劳务费

需制作劳务费领取表，包含姓名、身份证号、金额、签字等要素，如是课酬签领，领取表上还须有课程名称、课时。

特殊情况问答：

（1）由部门负责人或处室负责人发生的须在报销单上签审批或审核意见的签字人处如何处理？

答：部门负责人个人发生的费用，财务负责人审核，办公厅主任审批；处室负责人个人发生的费用，财务处负责人审核，部门领导审核，证明验收处为空。

多人共同发生的费用，领款人与签字人不得重合，签字程序同一般情况。

（2）签字人不在的情况下怎么办？

答：须等所有字签完后方能在财务报销。

六、凭证装订的流程

凭证记账后，应及时装订。装订凭证的范围：记账凭证、原始凭证、总账、明细账、银行对账单。

（一）核对和检查

先检查原始凭证和打印出来的记账凭证，然后进行排序、整理、折叠，使原始凭证和记账凭证一一对应。

（二）折叠

对于原始凭证大于记账凭证的，应按记账凭证的面积和大小折叠，把凭证的左侧让出来，以便装订，还可以展开查阅。

对于面积较小的原始凭证，例如火车票、快递费、报销单，一般不直接装订，而是按一定的顺序和类别排列，用胶水粘贴在粘贴单上，在右上角注明张数和金额。

（三）装订

（1）用凭证封面把整理好的记账凭证和原始凭证在左侧包起来，以封面的中间的虚线为准来测量凭证封面虚线左右两侧应该折叠的距离，根据凭证的多少一般控制在 0.5-1cm 之间；如果一个凭证较厚时可以控制在 1-1.5cm，单独装订；对于一个特别厚的凭证可以拆分来装订。

（2）装订的地方在装订机上刻度左 90 和右 40 为宜，在装订过程中如遇到某一账本前边薄后边厚时，可以在前边垫点纸张，以免在打孔时由于前后厚薄不均而脱落。

（四）装订成册

对于装订完的凭证，在其封面按规定逐项填列；在左侧折叠处也要注明日期，凭证起止号。最后将两个整理好的装订凭证装入记账凭证档案盒，并逐项填列。归档成册。

七、银行余额调节表的流程

第一步：

每月月末，财务人员需要根据企业的会计凭证来编制报表，这时就要将本月银行对账单与企业银行存款日记账的明细进行逐笔核对，看"银行对账单"的余额与"银行存款日记账"的余额是否相符，如果相符可以编制报表，如果不符则需要查明原因。

第二步：（若不符）

（1）需要把对账单与银行存款明细账的明细列出来，用笔逐笔核对，在不相符的情况下要做一个标记，以防后面忘记。

（2）在不符的这些账目中查看是否存在未达账项。（是指银行跟企业一方记账，而另一方由于凭证传递时间的影响而未入账的款项）

①企收银行未收：存入银行的款项，企业已经作为存款入账，但银行尚未办理存款手续，未计入企业的存款户。

②企付银未付：企业开出支票或者其他支出的凭证后，已按减少银行存款而入账，但银行尚未办理转账手续，未计入企业的存款户。

③银行已收企未收：银行代企业收的款项，银行已记账，但企业尚未收到通知，因而导致企业未记账。

④银行已付企未付：银行代企业支付的款项，银行已入账，但企业未收到付款通知，而出现企业未记账。

第三步：

根据平衡公式来填写银行存款余额调节表。

（1）银行对账单调节后的余额＝银行对账单余额＋企收银未收－企付银未付。

（2）企业银行存款科目调节后的余额＝企业银行存款余额＋银收企未收－银付企未付。

第四步：

调整后是否余额一致。

（1）银行对账单调节后的余额应等于银行存款日记账调节后的余额。

（2）若余额不一致，则财务人员需要检查企业的记账凭证或者银行账簿记录是否发生错误，应找明原因然后进行处理。

八、政府采购信息填报工作流程

（一）工作依据：财政部每年下发的文件通知，如2016年的工作即《财政部关于做好2016年中央预算单位政府采购计划和执行情况及信息统计编报工作的通知》。

（二）数据来源：报销单据中涉及政府采购的凭证，包括政府采购合同、政府采购验收单、修车的发票和明细、车辆保险的发票和明细、酒店的政府采购验收单和发票。

（三）控制数和预算批复数导入：在二下预算批复数下来之前，在审批版上下载预算控制数，导入部门版中。在二下预算批复后，在审批版上下载预算批复数，导入部门版中。

注意：因为可以补报，所以推荐在二下批复数出来后直接导入预算批复数。

（四）采购计划编制：

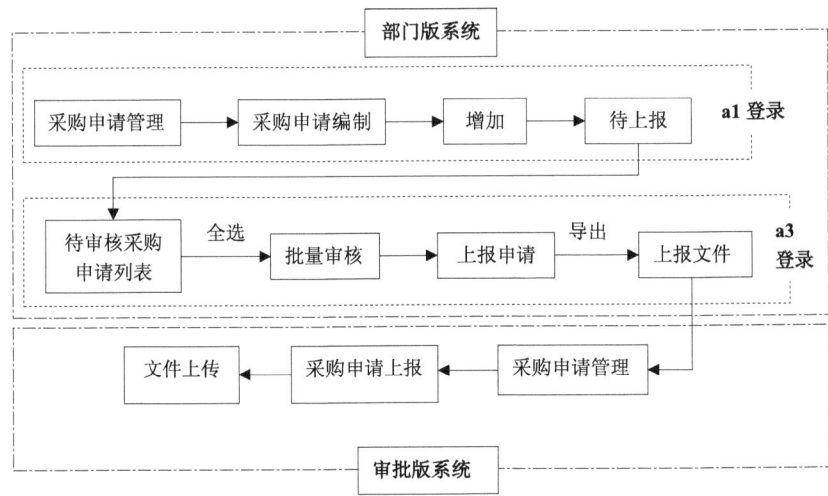

（五）执行情况管理：

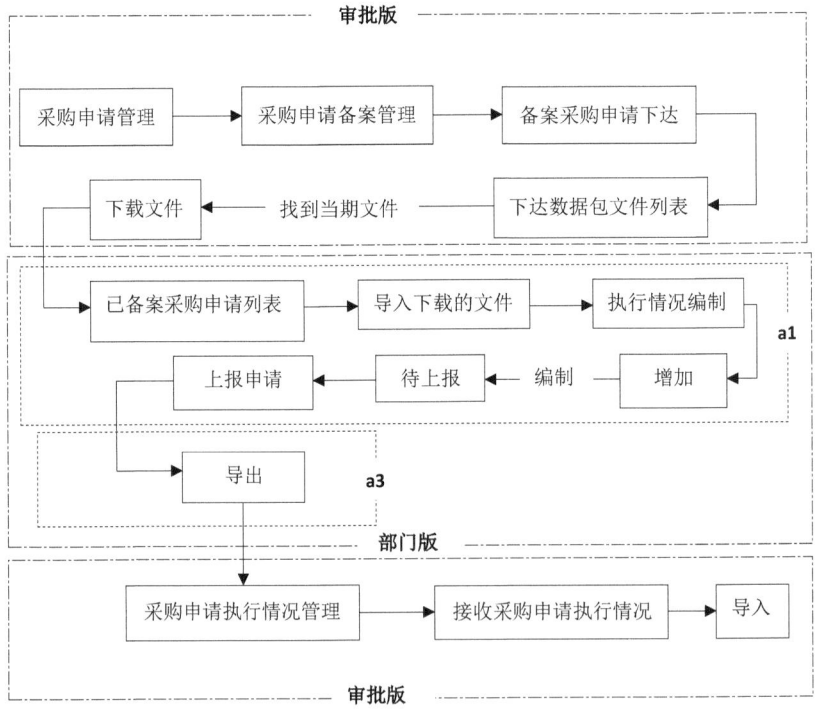

注意：在填报日期前进行的采购，在填报时需要勾选补报。补编制上年度计划时，需要先将电脑的日期改成上年度的。

（六）年报的编制：

每年年底需要进行年报的编制，具体时间安排是下一年1月31日前。年报需要电子版和纸质版，纸质版在系统里打印出来连同全年总结一起加盖办公厅章，以厅局级函的形式报送财政部国库司政府采购处。

电子版流程如下：

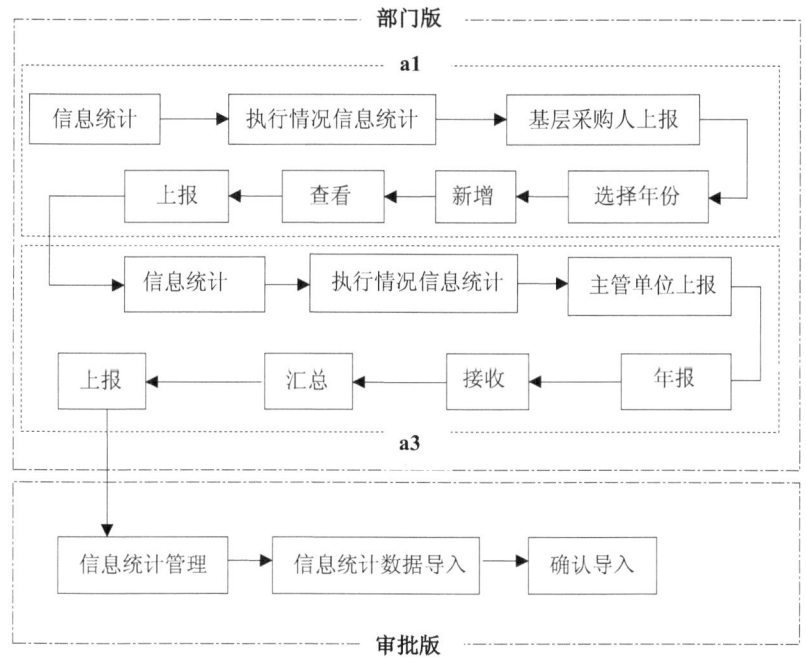

（执笔人：廖青、李海英、李博闻、都旭辉）

后勤事务

一、采购

（一）依据主要文件

——《中华人民共和国政府采购法》

——《中华人民共和国招标投标法》

——《中华人民共和国政府采购法实施条例》

——《中华人民共和国招标投标法实施条例》

——《政府采购货物和服务招标投标管理办法》

——《政府采购非招标采购方式管理办法》

——《政府采购竞争性磋商采购方式管理暂行办法》

——《中央预算单位批量集中采购管理暂行办法》

（二）采购审批程序

1. 大额采购项目

（1）大额采购项目包括：

①货物类：台式计算机、便携式计算机、计算机软件、服务器、计算机网络设备、复印机、视频会议系统及会议室音频系统、多功能一体机、打印设备、传真机、扫描仪、投影机、碎纸机、照相机、摄

影机、电视机、电冰箱、移动存储设备、复印纸、乘用车、电梯、供暖锅炉、空调机、办公家具、建筑装饰材料、变配电室设备。

②服务类：车辆维修及加油、机动车保险、车辆租赁、合同能源管理服务、印刷服务、会议服务、工程造价咨询服务、工程监理服务、物业管理服务。

③工程类：统一组织的房屋建设、拆除、修缮、装修。

（2）各部门于每年11月15日前制订下一年度上半年的大额采购计划，每年5月15日前制订当年下半年的大额采购计划。

（3）采购计划内容：本部门在货物、服务、工程等方面的大额采购需求或采购内容、经费来源、质量标准描述、数量、用途、采购到位时间等（须经部门负责人签字）。

（4）办公厅机关事务管理处对各部门大额采购计划进行汇总，形成机关大额采购计划。

（5）机关大额采购计划经办公厅财务处审核后报办公厅分管副主任、主任审批。

（6）采购前部门将具体采购要求书面报送办公厅机关事务管理处（包括采购项目的名称、品牌、规格、型号、数量、用途等详细信息），机关事务管理处按照有关文件要求确定采购方式。

2. 大额采购外的项目

（1）部门提交采购申请（包括采购项目的名称、品牌、规格、型号、数量、用途等详细信息），须经部门负责人签字。

（2）采购申请经办公厅分管副主任审批后，报送办公厅机关事务管理处。

（3）办公厅机关事务管理处按照有关文件要求确定采购方式。

（三）采购方式

1. 货物类采购

（1）政府集中采购目录内的货物须通过中央国家机关政府采购中心（以下简称国采中心）采购，包括以下采购方式：

①批量集中采购（目前包括的品目有台式计算机、便携式计算机、复印机、打印设备、复印纸、空调机，此六类为强制批量集中采购）

采购前须通过财政部计划申报系统申报采购计划，由国采中心根据情况每月或每季度组织一次采购。

②协议供货

通过国采中心网站的协议供货渠道采购。

③定点采购

根据国采中心提供的定点供应商名单实施采购。

④单项项目采购（包括公开招标、邀请招标、竞争性谈判、竞争性磋商、单一来源采购和询价采购等方式）

（2）政府集中采购目录外的货物

①采购金额50万元以下的，自行采购或通过网上竞价方式采购。

②采购金额在50万元（含）—120万元的，按政府采购有关规定采用非招标方式单项项目采购（包括竞争性谈判、竞争性磋商、单一来源采购和询价采购等方式）。

③采购金额在120万元（含）以上的，公开招标。如因特殊情况采用其他方式采购，须报经财政部审批同意。

2. 服务类采购

（1）政府集中采购目录内的服务：车辆维修保养及加油、机动车保险、车辆租赁、印刷服务、会议服务、物业管理服务、信息类工程监理、信息类产品维保、云服务等项目。

①采购金额在定点采购限额标准以下的,定点采购或自行采购。

②采购金额在定点采购限额标准(含)—120万元的,以非招标方式单项项目采购(包括竞争性谈判、竞争性磋商、单一来源采购和询价采购等方式)。

③采购金额在120万元(含)以上的,公开招标。

(2)工程造价咨询服务和工程监理服务

①采购金额在50万元以下的,定点采购或自行采购。

②采购金额在50万元(含)以上的,公开招标。

(3)未列入政府集中采购目录的服务

①采购金额在50万元以下的,自行采购或在国采中心网站进行网上竞价。

②采购金额在50万元(含)—120万元的,以非招标方式单项项目采购(包括竞争性谈判、竞争性磋商、单一来源采购和询价采购等方式)。

③采购金额在120万元(含)以上的,公开招标。

3. 工程类采购

(1)采购金额在60万元以下的,自行采购或定点采购。

(2)采购金额在60万元(含)—120万元的,定点采购。

(3)采购金额在120万元(含)—200万元的,采用非招标方式单项项目采购(包括竞争性谈判、竞争性磋商、单一来源采购和询价采购等方式)。

(4)采购金额在200万元(含)以上的,公开招标。

4. 公务机票采购

具体按《关于政府采购公务机票有关事项的通知》(九三中办发〔2015〕60号)执行。

（1）购票渠道

①通过政府采购机票管理网站（www.gpticket.org）购票（须在网站进行过姓名、身份证和公务卡信息验证）

②通过国航要客室购票（可购买除海南航空外的国内主要航空公司公务机票，可免费办理要客手续）

③通过北京明日商务旅行管理有限公司购票（适用于前2种渠道不能办理的公务机票，或因出差目的地无公务票航班需要购买非公务机票的情况）

（2）结算方式

一单一结，使用公务卡或支票结算。

5. 日常办公用品采用定点采购或自行采购

（四）采购流程

1. 公开招标：成立采购小组→编制招标文件→发布招标公告→投标（不少于3家）→开标、评标（评标委员会）→确定中标供应商并发出中标通知书→签订合同→供应商履行合同→验收→付款

2. 邀请招标：成立采购小组→编制招标文件→发布投标邀请书→投标（不少于3家）→开标、评标（评标委员会）→确定中标供应商并发出中标通知书→签订合同→供应商履行合同→验收→付款

3. 竞争性谈判：成立谈判小组→编制谈判文件→发布谈判公告或从财政部门建立的供应商库中随机抽取→谈判小组确定参加谈判的供应商→谈判小组与供应商分别谈判→谈判小组要求供应商提交最后报价（不少于3家）→确定成交供应商并发出成交通知书→签订合同→供应商履行合同→验收→付款

4. 竞争性磋商：成立磋商小组→编制磋商文件→发布磋商公告或从财政部门建立的供应商库中随机抽取→磋商小组确定参加磋商的供

应商→磋商小组与供应商分别磋商→磋商小组要求供应商提交最后报价（不少于3家）→确定成交供应商并发出成交通知书→签订合同→供应商履行合同→验收→付款

5. 单一来源采购：成立采购小组→采购小组与供应商协商成交价格→签订合同→供应商履行合同→验收→付款

6. 询价：成立询价小组→编制询价通知书→发布公告或从财政部门建立的供应商库中随机抽取（不少于3家）→确定成交供应商并发出成交通知书→签订合同→供应商履行合同→验收→付款

（五）文件归档

大额采购计划、采购申请及有关批复文件，招标或采用非招标方式产生的文件，以及合同、验收单等文书材料，应及时归档。

二、丧事处理

（一）治丧类别

1. 生前曾任社中央主席、副主席、常委、顾问

（1）工作单位在京的，机关主办或办公厅协助所在单位办理丧事

（2）以社中央名义发唁电、送花圈（办公厅综合处负责）

社中央领导如以个人名义致唁电或送花圈，由办公厅代为办理。

（3）在社中央网站和《礼讯》上刊发消息和生平（宣传部负责）

（4）社中央领导（或代表）出席遗体告别仪式（办公厅主席秘书办负责）

2. 生前曾任社省级组织主委

（1）以社中央名义发唁电、送花圈（办公厅综合处负责）

社中央领导如以个人名义致唁电或送花圈，由办公厅代为办理。

（2）在社中央网站和《社讯》上刊发消息（宣传部负责）

（3）社中央领导（或代表）出席遗体告别仪式（办公厅主席秘书办负责）

3. 生前曾任社中央委员、社中央专门委员会负责人，与九三学社有较深历史渊源或具有一定社会影响的社员

（1）以社中央或办公厅名义发唁电、送花圈（办公厅综合处负责）

（2）社中央领导（或代表）视情出席遗体告别仪式（办公厅主席秘书办负责）

4. 生前曾任机关局级干部

（1）办公厅承办丧事

（2）以社中央名义送花圈（办公厅机关事务管理处负责）

（3）社中央领导（或代表）视情出席遗体告别仪式（办公厅主席秘书办负责）

5. 生前曾任机关处级及以下人员（办公厅机关事务管理处负责）

（1）遗属承办丧事

（2）以办公厅或所在部门名义送花圈

（3）办公厅或所在部门领导出席遗体告别仪式

6. 外单位非社员（与九三学社工作有一定联系者）

（1）重要领导人（副部级以上人员）

①以社中央名义送花圈（办公厅综合处负责）

社中央领导如以个人名义致唁电或送花圈，由办公厅代为办理。

②社中央领导（或代表）视情出席遗体告别仪式（办公厅主席秘书办负责）

（2）社会其他有突出影响或知名人士

报送相关领导视情而定。

（二）机关主办丧事工作程序

1. 慰问遗属

①生前曾任社中央领导——社中央领导到户慰问

②生前曾任机关局级干部——办公厅或所在部门领导到户慰问

③生前曾任机关处级及以下人员——办公厅机关事务管理处到户慰问

2. 组建治丧小组（办公厅机关事务管理处负责）

3. 发布逝世消息（宣传部负责）

4. 讣告

（1）拟写讣告

①生前曾任社中央领导→办公厅综合处拟写（组织部协助）

②生前曾任机关局级及以下人员→办公厅机关事务管理处拟写（办公厅人事处协助）

（2）印制讣告（办公厅文秘处负责）

（3）发送讣告

①生前曾任社中央领导

——办公厅主席秘书办发送社中央领导

——办公厅综合处发送社各省级组织、机关各部门、中央统战部一局，以及相关单位和个人

——办公厅机关事务管理处发送社中央老领导和机关退休人员

②生前曾任机关局级及以下人员

——办公厅主席秘书办发送社中央专职领导

——办公厅机关事务管理处发送机关各部门和退休人员

5. 生平

（1）拟写生平

①生前曾任社中央领导→研究室拟写→中央统战部修改→征求遗属意见→经中央统战部等有关部门审定

②生前曾任机关局级及以下人员→办公厅人事处拟写

（2）印制生平（办公厅文秘处负责）

（3）在社中央网站和《社讯》上刊发生平（宣传部负责）

6. 落实发唁电、送花圈名单，以及参加遗体告别仪式领导名单（办公厅综合处负责）

7. 告别仪式前准备工作（办公厅机关事务管理处负责）

（1）准备遗像

（2）与遗属沟通告别仪式流程

（3）陪同遗属与殡仪馆联系落实遗体告别仪式时间、场地

（4）陪同遗属与殡仪馆、遗体存放地联系起灵事宜

（5）陪同遗属与殡仪馆联系遗体火化事宜

（6）与遗属沟通落实骨灰安葬事宜

（7）联系殡仪馆落实横幅内容、花圈数量、印制挽联

8. 发布遗体告别仪式通知

社中央领导——办公厅主席秘书办负责

机关局级及以下人员——办公厅机关事务管理处负责

9. 告别仪式当天（办公厅机关事务管理处提前起草工作方案，明确分工）

（1）起灵→到达殡仪馆→安排遗属到休息室休息（工作人员陪同）

（2）布置告别厅

①放置遗像

②摆放花圈、挂挽联

③摆设签到台（签到簿、笔、生平）

（3）签到、发放生平

社中央领导——办公厅主席秘书办负责迎接，并引导至休息室慰问遗属，在贵宾室签到、发放生平、戴白花

其他人员——在签到台签到、发放生平、戴白花

（4）组织参加告别仪式人员排队、引导告别

①社中央领导告别

②其他人员告别

（5）告别仪式后，协助遗属摘取挽联，陪同遗属处理花篮

（6）陪同遗属领取并安放骨灰

（7）摄影摄像及宣传报道（宣传部负责）

（8）车辆安排（办公厅机关事务管理处负责）

10. 丧葬费及一次性抚恤金发放（办公厅人事处负责）

11. 讣告、生平、发唁电名单、送花圈名单、出席遗体告别仪式领导名单、工作方案、影像资料等归档（办公厅文秘处负责）

三、会议室使用

（1）申请人填写《会议室使用申请单》（注明时间、人数、需用设备等），交办公厅机关事务管理处。

（2）机关事务管理处根据会议室使用情况确定会议室，通知申请人。

（3）机关事务管理处将确定后的会议室使用计划通知物业公司办公室。

（4）物业公司提供会议室服务。

四、外来人员用餐安排

（1）经办人填写《公务接待明细审批单》（注明出席人员、接待事项、时间、用餐人数等），交部门负责人签署意见。

（2）经办人将《公务接待明细审批单》送交办公厅分管领导审核。

（3）经办人将《公务接待明细审批单》提交秘书长审批。

（4）经办人将审批后的《公务接待明细审批单》交办公厅机关事务管理处。

（5）机关事务管理处通知餐厅用餐安排。

（6）餐厅提供用餐服务。

五、办公用品领用

1. 单次领用物品超过2种或数量超过5件

（1）领用人填写《领取办公用品登记表》，交部门负责人签署意见。

（2）领用人将《领取办公用品登记表》送交办公厅分管领导审批。

（3）领用人将《领取办公用品登记表》交办公厅机关事务管理处，领取物品。

2. 单次领用物品在2种以下且数量在5件以下

领用人到机关事务管理处填写《办公用品领用表》，领取物品。

3. 领用墨盒硒鼓

领用人到机关事务管理处填写《墨盒硒鼓领用表》，领取墨盒硒鼓。

六、图书室事务

1. 报刊订购

（1）年底前分别向机关局级以上领导和各部门征求报刊订阅意向。

（2）与邮局联系订购事宜。

（3）联系邮局上门收款，办理报销手续。

（4）将订阅名单提供给物业公司，由物业公司发送报刊。

2. 图书资料订购

（1）机关各部门提交购买申请或委托图书室提出购买申请。

（2）购买申请经办公厅分管领导审批。

（3）部门或图书室进行采购，办理报销手续。

3. 书刊借阅（略）

（执笔人：洪柳、陈东晓）

档案管理

九三学社中央机关档案,指社中央机关在履行职能和开展各项活动中直接形成的各种门类、形式和载体的历史记录。档案是机关各项工作的重要凭证、维护社中央历史真实面貌的有力保障。

凡机关在各种会议及各项工作、活动中形成的各种载体的档案(不含人事档案、财务档案),均由社中央机关档案室集中统一管理,任何部门和个人不得私存据为己有或拒绝归档。

一、责任处室

(一)办公厅文秘处(档案室)

(1)负责管理机关的全部文书档案(包括照片、录像带、录音带),积极提供档案利用。

(2)对各部门归档立卷工作进行业务指导和督促,并按规定办理交接手续。

(3)编写年度案卷目录、索引,统计档案数量及利用情况,向主管部门汇报工作,并按有关规定,向国家档案局填报档案情况统计报表。

（4）定期检查档案状况。对破损或载体变质的档案及时进行修补、复制或做其他妥善处理。对档案库房进行严格管理。

（二）机关各部门综合处

（1）设立相对稳定的兼职档案员，负责本部门立卷归档工作。

（2）各部门工作活动中办理完毕的、具有查考利用价值的文件材料均应按规定和要求进行立卷。

（3）各部门应在翌年3月底前将立卷的文件材料移交档案室归档。

二、归档范围和保管期限

一、办公厅文件材料归档范围	保管期限
（一）全国代表大会文件材料	
1.会议通知、请柬、议程、日程、签到簿、代表名单、列席名单、代表简历；会议的主持词、开幕词、闭幕词、工作报告、领导讲话及中共中央和各民主党派中央以及全国工商联贺词；章程及章程修改说明；会议的决议、决定、任命名单、大会记录、重要新闻稿、大会专刊、简报	永久
2.会议选举文件、主持词、中央委员候选人简历、选举会议程序、总监票人及监票人名单、选举会议记录、选举结果、选票票样	永久
3.主席团会议的通知、名单、主持词、议程、文件草案及讨论稿、会议记录	永久
4.文件汇编、大会发言、代表建议和意见、小组召集人会议记录、小组会议记录	30年
5.会议未通过的文件和会议服务性、临时性文件材料	10年
6.选票	暂存一届
（二）中央委员会全体会议、中央常务委员会全体会议文件材料	
1.会议通知、请柬、议程、日程、委员名单、列席名单、主持词、工作报告、领导讲话；会议通过的文件、决议、决定、选举文件、选举结果、选票票样、会议纪要、大会记录、重要新闻稿	永久
2.全会建议案及答复件	30年
3.会议邀请函、联系函、简报、汇报材料、报告会文件材料、小组召集人会议记录、小组会议记录	30年

（续表）

4.会议未通过的文件和会议服务性、临时性文件材料	10年
（三）主席会议、主席办公会议、主席战略研讨会、中央理论学习中心组文件材料	
1.会议通知、议程、出席名单、列席名单、记录、纪要及会议通过的文件	永久
2.会议未通过的文件	10年
（四）中央主席、副主席文件材料	
1.主席、副主席以九三学社身份在全国人大、全国政协（以及中共中央、国务院、最高人民法院、最高人民检察院、中共中央统战部、各民主党派中央和全国工商联的重要会议和活动）的发言、提案；发表的有关讲话、文章、题词；外出调研、视察的文件材料	永久
2.以九三学社身份参加国家重大活动（国事活动、外事活动及其他重要活动等）的文件材料及有关报道文章	永久
3.就九三学社工作给中共中央、政府有关部门、领导人的信函及回复材料	永久
4.与地方组织和负责人的重要信函	永久
5.有主席、副主席笔记的重要文件的原件	永久
6.反映或撰写主席、副主席的文章、事迹、生平的材料	永久
7.中共中央与民主党派中央高层协商会（主席、副主席出席由中共中央、中共中央纪委、国务院、最高人民法院、最高人民检察院、中共中央统战部主持召开的党外人士座谈会等）的发言材料	永久
（五）承办的会议文件材料［包括以社中央名义（或与有关部门合办）举办的各种会议、论坛和活动；以社中央（含中央机关）名义开展的外事活动（来宾接待和组团出访）、台港澳联络交流活动；九三学社中央主席、副主席接待（会见）来访的中共中央、国务院、全国人大、全国政协、中共中央统战部等领导和省市中共常委、政府、政协、统战部等领导；九三学社中央主席、副主席接见来访的九三学社地方组织领导等］	
1.全国性会议文件材料	
（1）请示、批复、通知、请柬、名单、议程、日程、报告、领导讲话、总结、纪要	永久
（2）邀请函、联系函、会议形成的意见和建议、典型材料、发言材料、交流材料、论文、简报、新闻稿	30年
（3）会议记录、小组会记录、会议服务性文件材料	10年

（续表）

2、部门会议文件材料	
（1）请示、批复、通知、请柬、名单、议程、日程、报告、领导讲话、纪要	30年
（2）邀请函、会议记录、发言、交流材料、会议服务性文件材料	10年
（六）社中央制定的方针涉及政策性、法规性、纲领性的文件	永久
（七）社中央机关工作文件	
1. 本机关制定的规章、规定、制度、文件材料	永久
2. 本机关工作年度计划、要点、总结	永久
3. 大事记、组织沿革、印章启用和作废通知	永久
4. 上报主席、副主席的呈批件和主席、副主席批示的文件	永久
5. 机关工作协调会议程、记录、纪要	永久
6. 重要的电话记录、情况通报、《一周工作简讯》	永久
7. 一般问题的通知、信函、参考文件；一般服务性、事务性、临时性文件	10年
8. 本机关的请示报告及请示单位的批复、批示	
（1）重要的	永久
（2）一般的	30年
9. 与九三学社工作有关的同级机关、地方组织、外单位往来文件材料	
（1）重要的	永久
（2）一般的	30年
（3）事务性有参考价值的	10年
10. 贺信、贺电	30年
11. 调研工作	
（1）重要专题性调研材料	永久
（2）一般调研材料	30年
（八）出国或出境访问考查、参加国际会议、接待来访等外事活动形成的文件材料	
1. 请示、批复、名单、活动安排、情况汇报、总结	永久
2. 重要会议的记录、备忘录、重要会谈记录	永久

(续表)

3. 审批手续、计划、日程、来往文书、一般性会谈记录	30年
4. 一般服务性、事务性文件	10年
（九）办公厅工作文件	
1. 以社中央名义的发文、复文	
（1）重要的	永久
（2）一般的	30年
2. 以办公厅名义的发文、复文	
（1）重要的	永久
（2）一般的	30年
3. 办公厅制定的工作条例、工作程序等部门管理文件	
（1）重要的	永久
（2）一般的	30年
4. 办公厅年度工作计划、要点、总结	30年
5. 上报主席、副主席的呈批件和主席、副主席批示的文件	永久
6. 办公厅工作会议记录、纪要	10年
7. 重要电话记录、重要情况反映	10年
8. 一般问题的通知、信函、征求意见函及反馈意见、情况汇报、参考文件	10年
9. 一般服务性、事务性、临时性文件	10年
10. 机关信息化工作形成的文件材料	
（1）重要的	30年
（2）一般的	10年
11. 档案统计、交接、销毁等目录凭证	永久
12. 信访材料	
（1）有领导重要批示和处理结果的	永久
（2）一般信访材料、无处理结果的	10年
（十）人事工作文件材料	
1. 本机关制定的人事制度、规定、办法	永久

（续表）

2. 机关设置、撤并、名称更改、组织简章、印信启用和作废等文件材料	永久
3. 机关人员名册、劳动工资统计年报、干部统计年报	永久
4. 职工录用、转正、聘任、调资、定级、任免、停薪留职、辞退、离退休、死亡、抚恤等文件材料	永久
5. 职工调动工作的行政、工资介绍信及存根	永久
6. 人事考核、职称评审工作文件材料	永久
7. 干部竞争上岗、挂职锻炼、出国政审文件材料	30年
8. 先进个人、劳动模范、先进集体的文件材料	
（1）受上级和同级机关表彰、奖励的工作材料	永久
（2）受机关内部表彰、奖励的工作材料	30年
（3）受其他表彰、奖励的工作材料	10年
9. 对机关有关人员处分文件材料	
（1）受到警告（不含）以上处分的	永久
（2）受到警告处分的	30年
10. 老同志的慰问、祝寿等活动文件材料	30年
11. 离退休人员春节慰问、困难补助标准、医疗问题等文件材料	30年
12. 治丧材料	
（1）中央领导人治丧材料	永久
（2）其他干部治丧材料	30年
13. 一般服务性、事务性、临时性文件材料	10年
（十一）财务工作文件	
1. 本机关制定的财务管理制度文件	
（1）重要的	永久
（2）一般的	30年
2. 机关财务年度决算及批复	永久
3. 机关财务年度预算及批复	30年
4. 审计通知、报告、决定、相关证据资料、处理意见	
（1）重要的	永久

（续表）

（2）一般的	30年
5.一般服务性、事务性、临时性文件材料	10年
（十二）行政工作文件	
1.本机关制定的行政管理文件	
（1）重要的规章制度	永久
（2）一般的规定	30年
2.机关固定资产登记册、统计核查、清算、交接等文件资料	
（1）重要的	永久
（2）一般的	30年
3.机关资产管理一般性文件材料	10年
4.机关办公设备、用品及机动车等物资购置、调拨、转让等文件材料	30年
5.办公设备图纸、说明书、合格证等	10年
6.与外单位签订的协议书、合同书	
（1）重要的	永久
（2）一般的	30年
7.机关房产证明、法人登记、办公楼迁址等文件材料	永久
8.机关办公楼改、扩建项目的请示批复，内外装修施工图纸、验收文件	永久
9.机关办公楼改建预算、决算、施工合同、协议书	永久
10.办公楼设备图纸及合格证明等	永久
11.职工承租、购置本单位住房的合同、协议及有关手续等材料	永久
12.职工住房分配、出售的规定、方案、细则；职工住房情况统计、调查表、职工住房申请	30年
13.一般服务性、事务性、临时性文件材料	10年
（十三）专门委员会、工作委员会工作	
1.各专委会成立、换届重要文件材料	永久
2.各专委会制定的工作条例、工作程序	永久
3.各专委会年度工作计划、总结、报告	30年
4.全国性会议的请示、批复、通知、名单、日程、议程、报告、领导讲话、总结、纪要	永久

（续表）

5. 各专委会会议文件	30年
6. 各专委会调研报告、参政议政文件材料	
（1）重要的	永久
（2）一般的	30年
7. 一般性工作文件材料	10年
二、组织部文件材料归档范围	保管期限
（一）工作文件	
1. 本部门制定的方针政策性、法规性的文件	永久
2. 本部门制定的工作条例、工作程序等部门管理文件	
（1）重要的	永久
（2）一般的	30年
3. 本部门年度计划、总结	30年
4. 上报主席、副主席的呈批件和主席、副主席批示的文件	永久
5. 全国地方组织编制、概况；全国社员年度情况统计	永久
6. 专题综合材料、工作通讯、信息简报等内部刊物	30年
7. 地方组织、外单位的往来函、请示及本机关领导的批复、复函等文件材料	
（1）重要的	永久
（2）一般的	30年
8. 省级组织换届上报函及中央批复	永久
9. 新建、改建省辖市级组织的上报函和批复的文件材料	永久
10. 省级以下组织换届备案材料	30年
11. 社员入社、退社、开除社籍等文件材料	永久
12. 后备干部的选拔、考察材料	永久
13. 九三学社社员担任全国人大代表、全国政协委员、省部级政府领导职务的文件材料	永久
14. 九三学社中央推荐担任国家机关特邀行政职务、国家部委特邀监察员材料	永久
15. 调研工作	
（1）重要专题性调研材料	永久

（续表）

	保管期限
（2）一般调研材料	30 年
16.一般事务性、服务性工作文件	10 年
（二）本部门承办的全国性会议的文件材料	
1.请示、批复、通知、请柬、名单、日程、议程、主持词、报告、领导讲话、总结、纪要、新闻稿	永久
2.典型材料、大会发言、交流材料、论文、简报、	30 年
3.会议记录、会议服务性文件材料	10 年
（三）部门会议（部门座谈会、部分地区片会、小型专题研讨会等）	
1.通知、名单、日程、议程、领导讲话、报告、总结、纪要	30 年
2.邀请函、会议记录、发言稿、交流材料、会议服务性文件材料	10 年
（四）组织部承办的重要文稿	永久
（五）监督委员会文件材料	
1.监督管理工作形成的文件材料	
（1）工作制度、条例、程序、规定	永久
（2）情况汇报、通报、整改通知等	30 年
2.监督委员会会议	
（1）通知、名单、纪要、议程、日程、主持词、领导讲话、工作报告、情况汇报、会议通过的文件、大会记录	永久
（2）会议服务性、临时性文件	10 年
3.来信来访的文件材料	
（1）有领导重要批示和处理结果的	永久
（2）其他有处理结果的	10 年
三、宣传部文件材料归档范围	**保管期限**
（一）工作文件	
1.本部门制定的方针政策性、法规性的文件	永久
2.本部门制定的工作条例、工作程序等部门管理文件	
（1）重要的	永久
（2）一般的	30 年
3.本部门年度计划、总结	30 年

（续表）

4. 上报主席、副主席的呈批件和主席、副主席批示的文件	永久
5. 专题综合材料、工作通讯、信息简报等内部刊物	30年
6. 地方组织、外单位的往来函、请示及本机关领导的批复、函复等文件材料	
（1）重要的	永久
（2）一般的	30年
7. 一般事务性、服务性工作文件	10年
（二）本部门承办的全国性会议的文件材料	
1. 请示、批复、通知、请柬、名单、日程、议程、主持词、报告、领导讲话、总结、纪要、新闻稿	永久
2. 典型材料、大会发言、交流材料、论文、简报	30年
3. 会议记录、会议服务性文件材料	10年
（三）部门会议（部门座谈会、部分地区片会、小型专题研讨会等）	
1. 通知、名单、日程、议程、领导讲话、报告、总结、纪要	30年
2. 邀请函、会议记录、发言稿、交流材料、会议服务性文件材料	10年
（四）宣传部承办的重要文稿	
1. 九三学社领导人传记、书稿	永久
2. 承办起草我社领导人重要文稿及以九三学社中央名义（含与其他党派和相关人士联合）发表的贺信、宣言、申明、谈话等表明九三学社政治立场的文稿	永久
3. 协助新闻单位撰写的本社重要的评述性材料	永久
4. 新闻单位撰写九三学社参政党重要活动或领导专访的文章	永久
（五）社中央网站工作形成的文件材料	
1. 重要的	30年
2. 一般的	10年
3. 一般问题的通知、函件、征求意见函及反馈意见、信息简报、工作参考文件	10年
四、参政议政部文件材料归档范围	**保管期限**
（一）工作文件	
1. 本部门制定的方针政策性、法规性的文件	永久

（续表）

2.本部门制定的工作条例、工作程序等部门管理文件	
（1）重要的	永久
（2）一般的	30年
3.本部门年度计划、总结	30年
4.上报主席、副主席的呈批件和主席、副主席批示的文件	永久
5.地方组织、外单位的往来函、请示及本机关领导的批复、函复等文件材料	
（1）重要的	永久
（2）一般的	30年
6.给中共中央、国务院、有关部委的建议、意见、报告、信函及有关批复、复函	永久
7.社领导在中共中央与民主党派中央高层协商会、全国政协专题会、全国政协常委会上的发言	永久
8.以本社名义发表的对国内外重大问题的文章	永久
9.《调研报告》《直通车》及中共中央、国务院领导同志对所呈送的社参政议政建议的重要批示	永久
10.参政议政工作成果选编、文件汇编	30年
11.《九三信息》《九三信息工作通讯》	30年
12.参政议政及社情民意工作表彰材料	30年
（二）人民代表大会、政协大会文件材料	
1.以社中央名义提交的发言、提案及有关答复、函复	永久
2.九三组提交的提案、大会发言、书面发言及有关答复、函复	永久
（三）本部门承办的全国性会议文件材料	
1.请示、批复、通知、名单、日程、议程、报告、领导讲话、纪要、新闻稿	永久
2.大会发言、会议记录、简报	30年
3.小组记录、会议服务性文件材料	10年
（四）部门会议（部门座谈会、小型专题研讨会等）	
1.通知、名单、日程、议程、领导讲话、报告、总结、纪要	30年
2.会议记录、发言稿、交流材料、会议服务性文件材料	10年

（续表）

（五）调研工作（以九三学社中央名义组织的大考察，九三学社中央主席、副主席带队开展的各种调研活动，九三学社中央主席、副主席参加中共中央统战部组织的调研活动等）	
1. 重大调研活动	
（1）通知、名单、日程、领导讲话、纪要、总结、新闻稿	永久
（2）记录、交流材料、简报	30年
（3）会议服务性文件材料	10年
2. 一般性调研活动文件材料	10年
（六）专门委员会、工作委员会工作	
1. 各专委会成立、换届重要文件材料	永久
2. 各专委会制定的工作条例、工作程序	永久
3. 各专委会年度工作计划、总结、报告	30年
4. 全国性会议的请示、批复、通知、名单、日程、议程、报告、领导讲话、总结、纪要	永久
5. 各专委会会议文件	30年
6. 各专委会调研报告、参政议政文件材料	
（1）重要的	永久
（2）一般的	30年
（七）一般问题的通知、函件、征求意见函及反馈意见、信息简报、社中央社情民意信息稿件、地方一般汇报材料、工作参考性文件	10年
五、研究室文件材料归档范围	**保管期限**
（一）工作文件	
1. 本部门制定的方针政策性、法规性的文件	永久
2. 本部门制定的工作条例、工作程序等部门管理文件	
（1）重要的	永久
（2）一般的	30年
3. 本部门年度计划、总结	30年
4. 上报主席、副主席的呈批件和主席、副主席批示的文件	永久
5. 地方组织、外单位的往来函、请示及本机关领导的批复、函复等文件材料	

（续表）

（1）重要的	永久
（2）一般的	30年
6. 本部门起草的重要文稿	永久
7. 社中央领导在中共中央与民主党派中央高层协商会的发言	永久
8.《社史研究》等内部刊物	永久
9. 一般问题的通知、函件、信息简报、征求意见函及反馈意见、信息简报；地方一般汇报材料，工作参考性、临时性文件材料	10年
（二）九三社史材料	
1. 重要的（含各种反映九三学社历史、大事记、年鉴、九三学社领导人生平的材料）	永久
2. 一般的	30年
3. 撰写的九三社史的原稿和历次重要修改稿	永久
4. 领导人传记的重要修改稿（有关领导人的图书、资料等）	永久
5. 九三社史书籍	永久
（三）理论研究材料	
1. 参政党理论建设研究课题及调研报告	永久
2. 承办中共中央统战部及有关部门的重要研究课题文稿	永久
（四）本部门承办的全国性会议文件材料	
1. 请示、批复、通知、名单、日程、议程、报告、领导讲话、纪要、新闻稿	永久
2. 大会发言、会议记录、简报	30年
3. 小组记录、会议服务性文件材料	10年
（五）部门会议（部门座谈会、小型专题研讨会等）	
1. 通知、名单、日程、议程、领导讲话、报告、总结、纪要	30年
2. 会议记录、发言稿、交流材料、会议服务性文件材料	10年
六、社会服务部文件材料归档范围	**保管期限**
（一）工作文件	
1. 本部门制定的方针政策性、法规性的文件	永久
2. 本部门制定的工作条例、工作程序等部门管理文件	
（1）重要的	永久

（续表）

（2）一般的	30年
3. 本部门年度计划、总结	30年
4. 上报主席、副主席的呈批件和主席、副主席批示的文件	永久
5. 地方组织、外单位的往来函、请示及本机关领导的批复、函复等文件材料	
（1）重要的	永久
（2）一般的	30年
6. 以本部门名义与中共、国家有关部委往来的文件材料	
（1）重要的	永久
（2）一般的	30年
7. 社会服务成果汇编	30年
8. 一般问题的通知、信函、信息简报、临时性工作文件等	10年
（二）支边扶贫文件材料（及国际科学与和平周）	
1. 扶贫项目的确立、请示、批复文件材料	永久
2. 有关扶贫款拨付的请示、批复、使用情况汇报	30年
3. 对社中央扶贫点的工作总结和主要活动文件材料	30年
（三）本部门承办的全国性会议文件材料	
1. 请示、批复、通知、名单、日程、议程、报告、领导讲话、纪要、新闻稿	永久
2. 大会发言、会议记录、简报	30年
3. 小组记录、会议服务性文件材料	10年
（四）部门会议（部门座谈会、小型专题研讨会等）	
1. 通知、名单、日程、议程、领导讲话、报告、总结、纪要	30年
2. 会议记录、发言稿、交流材料、会议服务性文件材料	10年
（五）调研工作	
1. 重要专题性调研材料	永久
2. 一般调研材料	10年
七、机关工会文件材料归档范围	**保管期限**
1. 工作报告及总结	永久

（续表）

2. 工会会员名册、批准加入工会组织的材料	永久
八、基金会文件材料归档范围	**保管期限**
1. 基金会立项、成立等相关请示、批复材料	永久
2. 办理年审、捐赠税前扣除等事宜的请示及批复	10 年
3. 开展对外交流活动的文件材料	10 年
九、书画院文件材料归档范围	**保管期限**
（1）重要的	永久
（2）一般的	10 年

三、立卷

各部门的兼职档案员应于每年年底对需要归档的文件材料进行立卷。

——立卷归档基本方法：以问题为主，结合其他特征立卷。不同年度的文件一般不得放在一起立卷，但跨年度的请示与批复，放在复文年立卷，没有复文的，放在请示年立卷；跨年度的规划放在第一年度立卷；跨年度的总结放在最后一年立卷；跨年度的会议文件放在会议开幕年立卷。

——一般情况一事一卷。但若针对某一问题的文件数量太多，可以组成数卷；如果文件数量较少，也可以将几个问题的文件按问题整理好合成一卷。案卷厚度一般不超过 2 厘米（或 200 页）。

——卷内文件排列要条理系统。排列原则一是按文件重要程度，二是按时间顺序。密不可分的文件材料要依序排列，即批复在前，请示在后；正件在前，附件在后；印件在前，定稿在后；结论、决定在前，依据材料（证明）等在后。其他文件材料按文件形成时间先后排列。

——卷内文件材料种类、份数以及每份文件的页数应齐全完整。

装订的案卷,应统一在有文字的每页文件正面的右上角、背面的左上角填写页号;不装订的案卷,应在卷内每份文件的右上方盖档案号章。

——永久、定期案卷必须按规定的格式填写卷内文件目录。卷内文件目录由顺序号、文件作者、文号、文件日期、标题、文件所在页号、备考等项目组成。对文件材料的标题不可随意改变和简化。卷内文件目录放在卷首。

——有关卷内文件材料的情况说明和立卷人、检查人的姓名以及时间等应逐项填写在备考表内,备考表置卷尾。

——案卷封皮项目应逐项填写清楚。案卷标题要简明、准确地反映卷内文件内容。

——案卷装订前要去掉金属物,对破损的文件材料进行补救。

四、归档

各部门的兼职档案员应在翌年3月底前将立卷的文件材料移交档案室归档。

——立卷部门在归档前填好交接目录(一式两份),交接双方经过清点,履行签字手续。

——各部门负责人应重视归档立卷工作,加强对归档立卷工作的领导,并对重要的案卷进行必要的审查,以保证案卷的质量、准确性和完整性。

五、档案查借阅

——社中央机关工作人员,因工作需要可查借阅档案。

（1）查借阅档案时应作查借阅档案登记。归还时，档案室检查无误后，予以注销。

（2）凡查借阅涉密档案、涉及敏感信息的档案，须请示所在部门负责人、办公厅负责人批准。

（3）借阅档案须妥善保管，保持档案原貌和清洁、完整与安全，不得拆卷、涂改、损毁、丢失，不准擅自将档案带出机关。

（4）档案利用完毕应及时归还，借阅期限为1个月，到期不能归还应办理续借手续，借阅人不得擅自将档案转手外借。

（5）经过数字化的档案，原则上只按上述审批程序提供档案数字图像的阅读或打印。

——机关档案主要供内部使用，一般不外借。如外单位借阅，须持单位介绍信，经有关负责人批准，方可借阅。

六、档案鉴定、销毁

——对已过保管期限的档案进行鉴定，须由办公厅分管档案工作的领导和有关部门相关人员组成鉴定小组。鉴定小组负责鉴定本机关各类档案的存毁。

——根据鉴定结果不需再继续留存的案卷，档案室进行登记造册，经办公厅主管领导批准后，会同保密小组联系国家保密局指定地点进行档案销毁。

——销毁档案，必须由两（含）人以上进行监销，并在销毁清册上签字。

（执笔人：闫士萍）

信息网络

一、机关信息化建设领导小组

机关信息化建设领导小组的组成：社中央常务副主席任组长，分管副主席为副组长，机关各部门负责人和办公厅分管副主任为成员。

机关信息化建设领导小组不定期召开会议，研究机关信息化建设工作，决定机关信息化建设事项，审定机关信息化建设规划和相关制度等。

二、信息系统开发建设

（1）机关各部门提出信息系统建设需求，办公厅统筹协调开发建设。

（2）由办公厅联合业务部门进行业务需求梳理，形成需求说明书。

（3）办公厅联合业务部门，根据需求说明书形成采购文件，履行政府采购程序，确定系统开发商。

（4）办公厅联合业务部门和系统开发商按照需求说明书开展需求分析调研，形成需求分析说明书。对需求分析说明书和系统设计说明书进行外部评审。

（5）系统开发完成后，由办公厅负责技术性能测试验收，业务部门负责功能测试验收，验收合格后进入试运行期。

（6）试运行期结束后，转入正式运行期，由办公厅负责进行技术维护。

三、信息系统运行维护

信息系统运行维护即保障信息系统的正常稳定、高效运行。

信息系统运行维护应遵循以下原则：预防为主，事后处理为辅；运行维护流程化、标准化、规范化；及时发现及时处理；故障损失最小化。

信息系统运行维护包括系统日常维护、计算机系统权限、计算机系统关键用户密码、应用系统交接及灾备系统运行维护管理等。

1. 日常维护

根据各信息系统的具体情况，制定日常运维流程。根据各信息系统的维护需要，填写系统维护日志表。

每天对信息系统进行数据备份，每周二、四对信息系统设备进行巡检，发现问题及时处理。

按照系统的运营需要，对相关信息系统的操作系统、数据库进行实时或定时监控，发现问题及时调整或启动应急计划。

每三个月定期分析系统当前的运行状况，必要时考虑对系统进行优化。

2. 应急维护

根据各信息系统的具体情况，制定相应的故障处理应急计划，并进行演练，保证应急计划的可操作性。

对关键业务系统建立灾备系统，定期进行数据备份。对于出现故障的信息系统，按照相应的故障处理应急计划，及时进行恢复。

建立应急故障处理日志文档。

四、网络运行管理

网络运行管理包括通信维护管理（交换机、路由器、光纤、双绞线等）、应用维护管理（服务器、网络安全设施，操作系统及应用系统）和用户管理。

1. 通信维护管理

根据网络的使用情况，及时检测、调整网络通信设施的状态参数，力求使网络通信设施处于最佳运行状况。

对于网络通信设施的一般性调整，由网络管理员实施，并在运行日志上做记录。

对于网络通信设施的重大调整，报办公厅分管领导，并经分管领导协调审定后方可实施。实施时，务必保存调整前运行配置及现行的运行配置，并在运行日志上做记录。

2. 应用维护管理

定期维护网络设备，发现故障后及时维护或更换。保障网络设备正常运行。

详细记录设备的故障情况及故障处理的情况。

3. 用户管理

热情为用户服务，在服务过程中热情礼貌。做好规章制度的宣传解释工作。加强对用户的宣传培训工作，提高用户上网时的遵章守法意识，提高用户在上网时的操作水平、自我保护意识及用户单机的维护水平。做好用户上门及电话咨询工作，耐心细致。做好服务记录。

五、网络安全防范

网络安全防范工作主要内容：防止网络阻塞、中断、瘫痪或者被非法控制，防止网络传输、存储、处理的数据信息丢失、泄露或者被篡改。

1. 主动防御

安装网络防火墙、入侵检测防御系统、网页防篡改系统等，按照实际网络运行状况配置安全策略，关注外部网络安全环境变化并根据变化及时调整网络安全策略。

2. 安全等级保护

对信息系统实施安全等级保护。

（1）依据《中华人民共和国计算机信息系统安全保护条例》和《信息安全等级保护办法》，按照《信息技术信息系统安全等级保护定级指南》（GB/T 22240-2008）的相关要求对所有信息系统进行安全等级保护定级。按照公安部门要求填写《信息系统安全等级保护备案表》，报属地公安机关网安部门备案。

（2）根据定级情况，按照《信息系统安全等级保护实施指南》对信息系统实施等级保护工作。主要工作内容：

聘请具备相关资质的机构按照各信息系统定级情况进行现状评估，并出具《系统差距分析表》《系统差距分析报告》和《系统安全等级保护整改设计方案》。

按照《系统安全等级保护整改设计方案》逐条进行整改。

整改完成后，聘请公安部门认可具备安全测评资质的第三方机构进行测评，如测评不合格，则按照测评报告继续整改，直至测评合格。如测评合格，携《测评报告》和《信息系统安全等级保护备案表》到属地公安机关网安部门办理信息系统安全保护等级备案手续。

（执笔人：李军立）

值班

社中央机关实行电话值班制度。设值班电话一部,值班传真一部。值班人员在值班期间如遇重大情况或突发事件,应及时采取应急措施,制止事态发展,并立即上报分管领导。

值班分为日常和节假日两种:

一、日常值班

(1)日常值班时间为工作日 8:30-16:30,由社中央办公厅综合处负责。

(2)保障值班电话和传真畅通,遇到机器故障应及时排除。

(3)值班期间接到的电话,要准确及时处理。主要原则为:

①对于查询类电话,一般可将需要查询的部门、人员、办公电话及致电人所需要了解的其他可以公开的情况告知来电人。

②对于反映情况或问题类的电话,一般要求致电人提供文字材料,便于日后作为信访事项办理,若致电人不能提供材料的,如有把握答复应立即答复,若无把握答复,经请示后再做答复。

③对于非本社成员反映个人情况、要求解决个人问题等的电话,

一般不做处理,但应做好解释和劝导工作,做到语言文明、态度端正、礼貌周到。

④对于需要社中央机关或有关部门办理事项的来电,做好电话记录。

(4)对于收到的传真、电话记录,凡职责明确、指明办理部门的应及时分送有关部门;需办公厅或社中央领导批示的,按流程呈送、分办。

二、节假日值班

(1)节假日值班仅限于国家法定节假日(不含日常双休日),实行24小时电话值班。由社中央领导带班,社中央机关局级干部轮值。

(2)要求值班人员保持电话24小时畅通,遇有重大问题及时报告带班领导。

(3)节假日值班由综合处负责安排,主要程序为:

①拟定社中央领导及机关局级干部值班排序表;

②放假前一周按照值班排序表完成值班表,一般每个节假日安排一位社中央领导带班,按假期时间安排每天一位机关局级干部值班;

③将拟定的值班表与各位值班领导沟通,如有特殊原因不能值班的,应按排序表顺延调整名单,并做好备注,便于下一次排址替换;

④经确认后的值班表发至值班人员及办公厅领导,并呈报社中央专职副主席阅知。

(执笔人:蒋承华)

领导事务服务

一、在职领导服务保障工作

在职领导主要指现任主席、副主席。依据处室职责及实际情况，服务保障工作大致包括以下方面：

（一）文件管理

1. **主席**

按既定权责范围，及时编号登记收文，拆封整理信件，请示办公厅领导后送主席处（秘书）。

2. **专职副主席**

及时编号登记收文呈送领导（一般每天上下午各送一次，文件少则送一次）。

编号登记后，根据文件急缓程度呈送领导传阅、批示，通知办文单位签收取文。如需呈送其他领导批示，则转其秘书签收。

（1）请示件

请示件按领导同志排序由后往前依次阅批。

（2）传阅件

传阅件按领导同志排序由前往后依次阅批。

（3）信件

属私人信件，呈领导拆封；属公务信件，拆封并做好登记，预处理后呈领导阅示。

（4）机要文件

做好与机要员交接，按序排好呈领导阅示。如领导有批示，登记号按机要文件保存。机要件不能横传，应及时退回。

3. 兼职副主席

按照服务分工，做好与兼职副主席秘书（助手）的对接工作。

（二）活动协调

1. 编制一周工作预报及双月报

（1）每周五下午，汇总领导未来一周大致工作安排，制表报送领导。

（2）逢双月中下旬，汇总领导未来两个月大致工作安排，制表报办公厅主任审阅，经秘书长签发后送统战部。

2. 会议活动

（1）京内会议活动。记录会议活动名称、时间、地点，并询问着装要求、是否需要报车号或取车证。根据会议地点安排好出发时间。

（2）京外会议活动。根据会议活动要求及时查询航班、车次信息供领导决定。通知主办方到达时间、地点并与主办方联系人保持联络。

（3）领导安排的会议。根据领导指示的参会人员范围、时间，协调机关事务管理处预订会议室，通知有关单位做好会议服务和记录，向参会人员发送通知。

（三）公务出行

（1）部门安排事务及人员随行的，由部门负责联络接待方，制定行程方案；领导单独出行的，由秘书联络接待方，制定行程方案。确定联系人及联系方式。

（2）联络、查询航班、车次信息供领导决定。根据机关有关管理办法落实票务并报要客。

（3）按照机关财务规定结算相关出差费用并开具发票，回京后及时报销。

（四）来电来访

了解情况、问清事由、做好预约。热情接待，在原则范围内提供周到、细致、高效服务。

二、退休领导事务服务

（一）两节（春节、国庆）慰问

1. 春节慰问

（1）拟定初步方案。主要内容：

①参加看望领导（在京在职主席、副主席）

②看望对象

a. 在京原主席、副主席、顾问，以及原主席、副主席配偶——到家中慰问。

b. 京外原副主席、顾问，以及原副主席配偶——办公厅财务处承办相关事宜。

③看望路线（根据看望对象所住地规划）

④看望礼金（附明细表）

⑤看望陪同人员

⑥摄影和宣传报道（宣传部负责）

（2）落实参加看望领导和车号（办公厅主席秘书办负责）

（3）落实看望对象

（4）确定看望方案。主要内容：

①参加看望领导

②看望对象

③看望程序（集合时间、地点、每家看望大概时间、行车路线）

④看望礼金

⑤看望陪同人员

⑥摄影和宣传报道（宣传部负责）

⑦车辆安排（看望前一天向看望对象所在小区报备车号）

（5）将确定后的看望方案印送各位参加看望领导（办公厅主席秘书办负责）

2. 国庆慰问

慰问在京原主席、副主席、顾问——赠送慰问品

（二）祝寿

1. 祝寿对象（原主席、副主席、顾问）

2. 程序

（1）对在京老领导

①在老领导生日前两周向社中央领导报告

老领导整寿→请示社中央领导具体祝寿方式（家中看望、宴请或小型座谈会等）

老领导非整寿→请示社中央领导到家中看望时间

②与老领导协调确定祝寿时间

③购置礼品

④摄影和宣传报道（宣传部负责）

⑤如需宴请，提前安排用餐事宜

⑥如需召开小型座谈会，主要程序：

a. 确定时间、地点

b. 参会人员

c. 会议议程

d. 印制会议材料（桌签、文件等）

e. 布置会场

（2）对京外老领导

①在老领导生日前两周向社中央领导报告

a. 老领导整寿→请示社中央领导具体祝寿方式（社中央领导亲自祝寿、委托省级组织祝寿）

b. 老领导非整寿→寄送生日贺卡

②如社中央领导亲自祝寿，需提前与省级组织联系确定具体祝寿方案

（三）生病看望

1. 看望对象（原主席、副主席、顾问）

2. 程序

（1）对在京老领导

①向社中央领导汇报老领导生病情况，协调社中央领导看望时间

②与老领导家属协调确定看望时间

③购置慰问品

（2）对京外老领导

向社中央领导汇报老领导生病情况，委托省级组织看望

（四）日常联系和服务

1. 参加中共中央、国务院、中央统战部等组织的会议、活动

（1）将会议、活动通知印送老领导

（2）确定老领导是否出席

（3）报送出席人员名单

（4）安排车辆

（5）发放会议、活动证件

2. 体检

（1）与医院联系体检事宜

（2）与老领导协商体检时间

（3）向医院报送体检名单

（4）发放体检材料

（5）安排车辆

（6）领取体检结果，送达本人

（执笔人：秦玉全、洪柳）

对外联络事务

一、因公出国（境）访问

（一）依据主要文件

——中共中央办公厅国务院办公厅转发《外交部、中央外办、中央组织部、财政部关于进一步规范省部级以下工作人员因公临时出国的意见》的通知（中办发〔2013〕16号）

——财政部外交部关于印发《因公临时出国经费管理办法》的通知（财行〔2013〕516号）

——财政部国家外国专家局关于印发《因公短期出国培训费用管理办法》的通知（财行〔2014〕4号）

——《中央统战部外事工作管理暂行规定》（中央统战部2014年7月印发）

——《中央统战部外事工作管理暂行规定实施细则》（中央统战部2014年7月印发）

（二）计划内出访流程

1. 制定年度出访计划

（1）根据中央统战部三局通知，一般于每年9-10月份左右，制定下一年度出访计划。

（2）各部门在与社中央分管副主席商议的基础上，报下一年度出访计划，交由办公厅人事处统一汇总后，提交主席办公会议审议。

（3）将主席办公会议审议确定的出访计划，报中央统战部三局审核。

2. 确定团组成员、初步日程等

（1）根据年度出访计划，请示确定初步日程、团组成员，并在团组内明确1名联系人。

（2）团组将邀请单位的邀请函及译文、具体访问日程、邀请方简介等材料，提前4-5个月交办公厅人事处审核。

（3）出访团组填写《因公临时出国（境）任务和预算审批意见表》，人事关系在我单位的团组成员填写《因公临时出国（境）人员备案表》，并经上一级分管领导签字同意后，交办公厅人事处。

（4）将有关情况在单位内部公示不少于5个工作日。公示内容包括：团组全体人员的姓名、单位和职务，出访国家（地区）、访问城市、任务、日程安排、往返航线，邀请函及译文，邀请单位情况介绍，经费来源和预算等。

3. 报送材料

有副部级以上（含副部级）人员出访的团组至少提前4个月，正局级以下（含正局级）出访团组至少提前3个月，将出访材料送中央统战部一局按程序办理。材料包括：出访任务函、代表团名单、初步行程、邀请函及译文、邀请方情况简介、团组成员《因公临时出国（境）人员备案表》等。

参加外单位组团出访人员，由组团单位提供上述材料，经我单位送中央统战部按程序办理。

4. 办理任务批件

待中央统战部及有关部门领导批准后，到中央统战部三局办理任务批件等（复印任务批件用于后续报销使用）。

有外单位参团人员，须中央统战部开具《任务通知书》和《双跨团组征求意见函》，并转交参团人员，由其所在单位外事管理部门出具《任务确认件》和《因公临时出国（境）人员备案表》，并提供因公证照。

5. 办理因公证照

（1）人事关系在我单位的，由我单位经中央统战部办理证照；人事关系在外单位的，由所在单位外事管理部门办理证照。按照中央统战部要求提供办理证照所需材料。

（2）参加外单位团组出访人员，中央统战部批准后，经我单位送中央统战部三局办理因公证照和任务确认件。材料包括：组团单位任务批件复印件、征求意见函原件、任务通知书原件和出访任务请示件等。

（3）证照未过期，但有效日期自出访之日起不足6个月，须重新办理新证照。

6. 办理签证（注）

提前与中央统战部三局联系，咨询办签所需材料（每个国家、地区有所不同）。

7. 食宿行安排

机票采购、在外食宿行（一般通过旅行社安排）按照有关出国（境）经费管理办法执行。

8. 行前教育

按照有关要求，出访前相关部门对团组成员进行外事纪律、保密规定和财经纪律教育。

9. 回国后事宜

（1）出访人员回国后，须在7个工作日内将因公证照交由办公厅人事处集中管理。

（2）出访团组回国后，一个月内形成总结报告，并在单位公示不少于5个工作日后，送中央统战部一局、三局。

二、因私出国（境）报备、审批

（一）依据主要文件

《民主党派中央机关和统战系统单位领导干部因私出国（境）管理办法》（中央统战部2016年2月印发）。

（二）登记备案

（1）通过"国家工作人员前台采集系统"填写处级及以上人员相关信息，报送中央统战部干部局。由中央统战部干部局送北京市公安局出入境管理部门进行登记备案。

（2）按照干部管理权限，部级干部人事主管单位为中共中央组织部；在职局级干部人事主管单位为中央统战部干部局；退休局级干部、处级干部及其他干部人事主管单位为社中央办公厅人事处。

（3）职务、工作单位、人事主管部门等登记备案信息发生变化的，单位人事部门在15个工作日内向中央统战部干部局报送登记备案变更信息。材料包括：经部门领导签字的《国家工作人员登记备案表》、变动说明等。

（4）每年第一季度，统计汇总上年度干部因私出国（境）情况，报送中央统战部干部局备案。其中，副部级以上领导干部由中共中央组织部有关部门备案。

(三)审批程序

1. 本人提出书面申请

事前因私出国(境)人员须提交本人签名的书面申请。书面申请内容包括:因私出国(境)事由、因私出国(境)方式、在外停留的具体时间、所到国家(地区)、费用由谁承担等。因私出国(境)事由一般有旅游和探亲两种,因私出国(境)方式一般有自由行和随团游。

2. 领导审签

(1)常务副主席的书面申请经主席审签,专职副主席、离(退)休副部级及以上干部的书面申请须经常务副主席审签,并填写《中国公民出入境证件申请表》(贴照片)后,交办公厅人事处。

(2)在职局级干部的书面申请先经分管专职副主席签字同意(非部门负责人的局级干部还须部门负责人签字同意),再经分管人事工作的专职副主席审签,并填写《中国公民出入境证件申请表》(贴照片)后,交办公厅人事处。

(3)在职处级及以下干部的书面申请须经部门负责人签字同意后,交办公厅人事处。

(4)离(退)休局级干部的书面申请由办公厅主要负责人审签。

3. 报送材料

(1)内部签报:由办公厅人事处行文。材料包括:请示、因私出国(境)人员本人申请(本人及有关领导已签字同意)。

(2)按照干部管理权限,部级干部、在职局级干部的材料报统战部干部局审批。材料包括:请示、申请人干部任免审批表、经分管人事工作专职副主席审签的内部签报件复印件(含本人申请)、本人填写签名的《中国公民出入境证件申请表》《关于同意 XX 申办出入境证件的函》。退休局级干部、处级干部及其他干部由办公厅审批。材料包括：请示、因私出国（境）人员本人申请（本人及有关领导已签字同意）。

4. 办理证件

（1）按照干部管理权限，部级干部、在职局级干部由中央统战部出具同意申办证件的函，退休局级干部、处级干部及其他干部由办公厅出具同意申办证件的函。因私出国（境）人员持函到北京市公安局出入境管理部门办理证件。

（2）有关领导审批后，有因私出国（境）证件的，在办公厅人事处登记后借用。

5. 证件管理

（1）工作人员已申领的因私出国（境）证件，须交办公厅人事处集中保管。

（2）经审批出国（境）的，应于回国（境）后10个工作日内将因私证件交办公厅人事处集中保管。

（执笔人：阮赐远、宋奎伟、李凡）

专门机构事务服务

本文所指专门机构主要涉及社中央机关妇女工作委员会、院士工作委员会、文化工作委员会和海外联络工作委员会等四个工作委员会。社中央其他专门委员会事务服务或可参考。

一、办文事务服务

（一）各工作委员会拟以本工作委员会名义形成的材料，须经主任会议审定，或由主任或主任委托的副主任审定，报办公厅分管领导审阅后，参照《九三学社中央机关公文处理工作规定》印制发放。

（二）各工作委员会拟以社中央名义提出的有关书面材料，须经主任会议审议后报请社中央分管领导审定。工作委员会制发公文，参照《九三学社中央机关公文处理工作规定》执行。

二、办事事务服务

（一）主要事务类型

（1）主任或主任委托的副主任召集工作委员会全体会议，各工作委员会全体会议原则上每年召开一次,主要内容为审议本工作委员会年度计划、年度工作总结及其他重要事项。

(2)由主任或主任委托的副主任召集,年度内可就工作委员会的相关工作召开专题会议。专题会议不定时间、地点,根据实际需要召开。

(3)各工作委员会围绕社中央中心工作,发挥自身优势,每年应开展1-2项课题调研。

(4)各工作委员会可围绕社中央中心工作,结合自身特点,开展相关主题的活动。

(二)办理程序

(1)根据工作委员会领导提议,协助确定会议、调研、活动等工作的方案,并报办公厅分管领导。

(2)待方案确定后,协助各工作委员会落实方案内容,开展相关工作。要积极协调联络,为各工作委员会开展工作做好服务、提供相关支持。

三、其他事务

工作委员会工作经费纳入社中央机关财政预算,视经费情况确定一定额度,经费开支严格按财务规定执行。

(执笔人:蒋承华)

社中央机关退休人员事务

一、两节（春节、国庆）慰问

1. 春节慰问

（1）机关退休人员——赠送慰问品

（2）社中央原秘书长、生大病退休人员、生活困难的机关工作人员及配偶——发给慰问金

2. 国庆慰问

购置慰问品

二、生病看望

（1）向办公厅分管领导汇报退休人员生病情况

（2）与退休前所在部门、机关党支部或支社等协调拟看望时间

（3）与退休人员协调确定看望时间

（4）购置慰问品

（5）车辆安排

三、订阅报刊

（1）与报社或杂志社联系订阅事宜，明确订阅价格

（2）核对订阅报刊人员名单、通信地址和邮编

（3）联系报社或杂志社上门收款，提供订阅名单

（4）办理订阅款报销手续

四、组织活动

1. 事前与分管领导和办公厅财务处进行沟通
2. 拟定活动请示，主要内容：

（1）时间、地点

（2）形式、内容

（3）参加人员

（4）费用预算

（5）车辆安排

3. 领导批准后组织实施（落实参加人员、车辆安排、活动费用等）

五、日常联系和服务

1. 参加有关单位或机关组织的各类会议、活动

（1）将会议、活动通知退休人员

（2）确定参加人员名单，报会议、活动主办部门

2. 体检

（1）联系体检机构确定体检时间

（2）通知体检时间、地点，统计体检人数

（3）向体检机构报送体检人员信息

（4）缴纳体检费用

（5）领取体检结果，发给本人

（执笔人：洪柳）

社员来信来访处理

一、信访范围

本处所称信访,是指公民、法人或者其他组织,从社组织或社内人员的角度,或者是针对社组织、社内人员,采用书信、电子邮件、传真、到访等形式反映情况,提出建议、意见或者投诉请求。非本社组织或成员、内容不涉及本社组织或成员的信访不包括在内。

二、承办单位

社中央办公厅是社中央机关信访工作的综合管理部门。日常工作由综合处承担。

三、办理程序

社中央机关信访工作主要分为来信和来访两类:

1. 来信处理

(1)对信访人的来信,应及时进行启封、登记。启封时注意保持邮票、邮戳、邮编、地址及信内材料的完整。

（2）对于内容清晰、问题指向明确，机关内具体业务部门可以直接处理的信访事项，应转交机关内相关部门（包括有关地方组织）承办。

（3）对于反映问题比较集中，可能造成不良社会影响的重要事项或重大事件，需按流程报社中央领导阅批，并根据领导批示转交相关部门办理。

（4）承办部门提出处理意见并进行相应处理后，应及时向信访人答复结果。

（5）对重复来信且又不需要办理的，予以登记封存。

（6）对采用传真、电子邮件形式提出信访事项的，按上述办法办理。

（7）对领导批示的信访件，要及时将办理情况报告有关领导。

（8）重要事项信访办理有关文书材料应立卷归档。一般、不需办理的信访件一般保存3年后予以清理。

2. 来访处理

（1）接待来访，必须按照信访工作处理程序的有关规定，填写来访登记表，要耐心倾听来访者的陈述，详细询问其举报内容或申诉理由，认真做好记录。

（2）对来访人提出的信访事项，属于受理范围并能够当场处理的，应当场处理；不能当场处理的，应向来访人解释处理问题所需要的流程、时间等客观理由，随后应及时予以办结。

（3）对不予受理、不再受理的来访事项，应明确告知来访人不受理理由。对属于人大、人民法院、人民检察院或其他机关职权范围内，以及已经或依法应当通过诉讼、仲裁、行政复议等法定途径解决的来访事项，告知来访人依法向有关机关申请办理。

（4）对于经接谈后仍滞留接待场所，或者将生活不能自理者弃留在来访接待场所；侮辱、殴打、威胁信访接待工作人员；携带危险品、管制器具，具有明显滋事或自残倾向的；以及围堵、冲击机关办公楼，拦截车辆、阻塞交通的等情形，在劝阻和批评教育的同时，报请驻地公安机关处理。

（5）接访人员应坚持原则，认真负责、秉公办事、态度好、作风正，做到用语文明，热情周到。

四、信访督办

接访、承办部门分别负责信访事项的督办和落实工作。对在信访工作中推诿、敷衍、拖延、弄虚作假造成严重后果的，应当追究有关责任人责任。

（执笔人：蒋承华）

省级组织机关工作

办文

收文流程
发文流程

收文流程
——以社上海市委为例

一、收文处理概述

1. 主要来文主体

九三学社中央、市委、市政府、市委办公厅、市政府办公厅、市人大、市政协、中共上海市委统战部、市机关事务管理局、市人力资源与社会保障局、市财政局、社各区（县）委员会及直属基层组织等。

2. 主要文种

文种主要有：命令、公报、决议、决定、通知、报告、请示、批复、函、纪要等。

3. 责任处室

——办公室：负责公文的签收、登记、拟办、分发

——专职副主委、秘书长：根据分工负责收文的批办

——各部门：根据工作职能或领导交办，负责办理

二、收文流程图示

发至本单位的所有公文文件、材料统称收文。收文处理包括：签

收、登记、拟办、批办、承办、办理、归档等环节。

需要办理的公文流程：签收→登记→拟办（办公室主任）→拟办返回（机要秘书）→领导批办→批办返回（机要秘书）→部门承办（部门负责人）→办理（具体经办人）→办结→归档（部门内勤）。

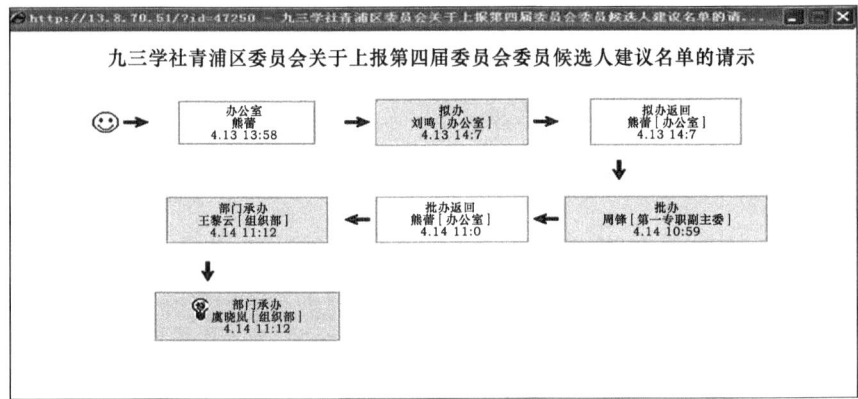

需要传阅的公文流程：签收→登记→拟办（办公室主任）→拟办返回（机要秘书）→领导批办→批办返回（机要秘书）→传阅（处级）→传阅（相关人员）→办结。

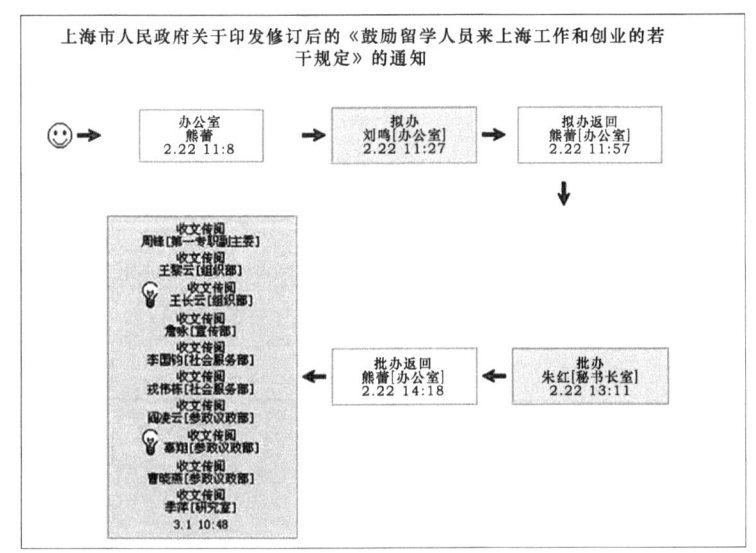

(一) 签收

收到来文,首先要看清是否属于本单位收文,然后清点,核实来文数量、封皮编号与投递是否相符,检查文件装封是否破散,检查无误后,方可签字、盖章。上级来文,均由文件专管人员拆封,其他人员不得拆封。写明某个部门或个人亲收的文件,应登记后转送有关部门或个人签收。

收文必须通过 OA 流转进行办理。

(二) 登记

机要秘书按要求对来文进行登记,编收文号,登记来文单位、来文号、文件标题、成文日期、收文日期等。纸质文件扫描为 PDF 格式,并作为附件上传。

机要秘书登记完毕,发送给办公室主任。

(三) 拟办

办公室主任收到公文后,按公文要求及领导分工填写拟办意见。

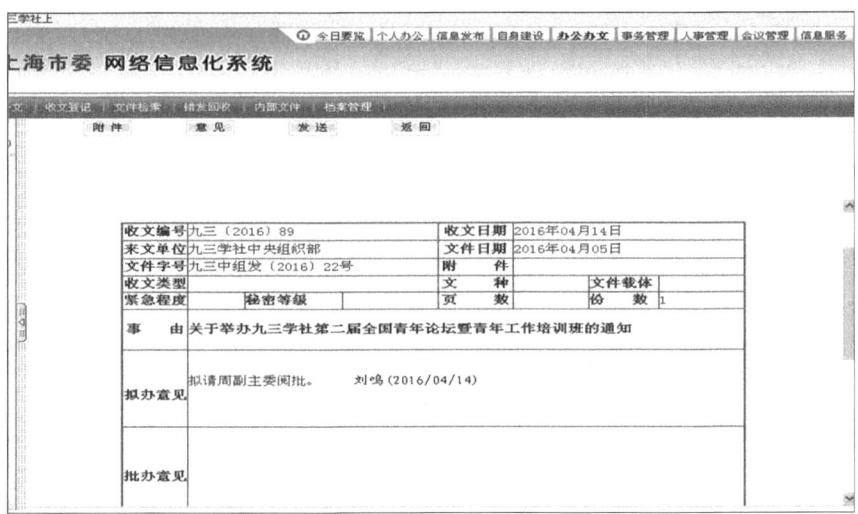

拟办意见完毕,公文返回机要秘书。机要秘书根据拟办意见,提交公文给相关领导进行批办。

(四)批办

批办由秘书长或专职副主委完成。秘书长或专职副主委根据文件要求,填写批办意见。批办意见有两种,一是传阅,二是由有关部门办理。批办完毕后,文件再次返回机要秘书。

（五）办理

需要办理的文件，机要秘书要根据批办意见，提交给承办部门的负责人。部门负责人收到文件后，提交给具体经办人办理。

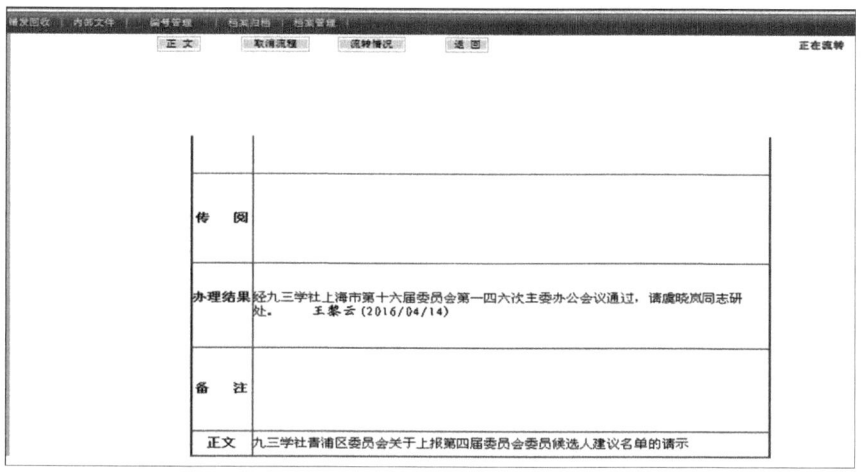

需两个以上部门承办的文件，主办部门要主动会同有关部门协商办理，并负责回复办理结果。

需要传阅的文件，由机要秘书提交给机关处级干部传阅，部门负责人可根据部门实际，将文件提交给本部门相关人员参阅。

（六）归档

办理完毕后，提交给部门内勤进行电子归档，纸质文件妥善整理收藏，次年3月由部门内勤移交给办公室归档。

（执笔人：刘鸣、熊蕾）

发文流程
——以社上海市委为例

一、发文处理概述

（一）主要行文对象及主体

上行文：九三学社中央。

平行文：市人大、市政协、中共市委统战部、市财政局、市机关事务管理局、市人力资源与社会保障局、市经济与信息化委员会等。

下行文：各区（县）委员会及直属基层组织。

行文主体：办公室（沪社办发）和社市委（沪社发）。

（二）主要文种

文种主要有：决议、决定、通知、报告、请示、批复、函、纪要。

（三）责任处室

——办公室：负责把好公文的出口关，负责社市委所有发文的登记编号、印制、用印等工作。

——各部门：根据工作职能或领导交办，负责公文起草、核稿等工作。

——秘书长：负责公文审核。

——专职副主委：负责公文签发。

二、发文流程图示

发文处理程序一般包括拟稿、核稿、审核、会签、签发、登记编号、部门审核、办理（印制）、归档等环节。

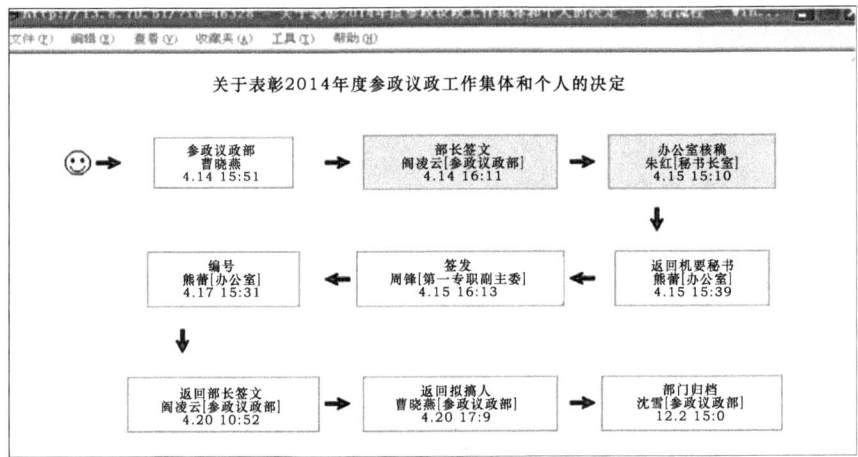

（一）拟稿

拟稿人接受公文起草任务，按照工作任务和公文格式等有关要求起草文稿，依次填写发文稿纸各要素栏：主办部门、拟稿人、拟稿时间、标题、附件、主送、抄送范围。

拟稿界面如图：

拟稿完毕，拟稿人将文件发送给部门负责人。

（二）核稿

部门负责人进行核稿，核稿完毕，提出意见。处理完毕后，将公文发送给秘书长。下图为填写核稿意见界面，及意见提交后的发文纸：

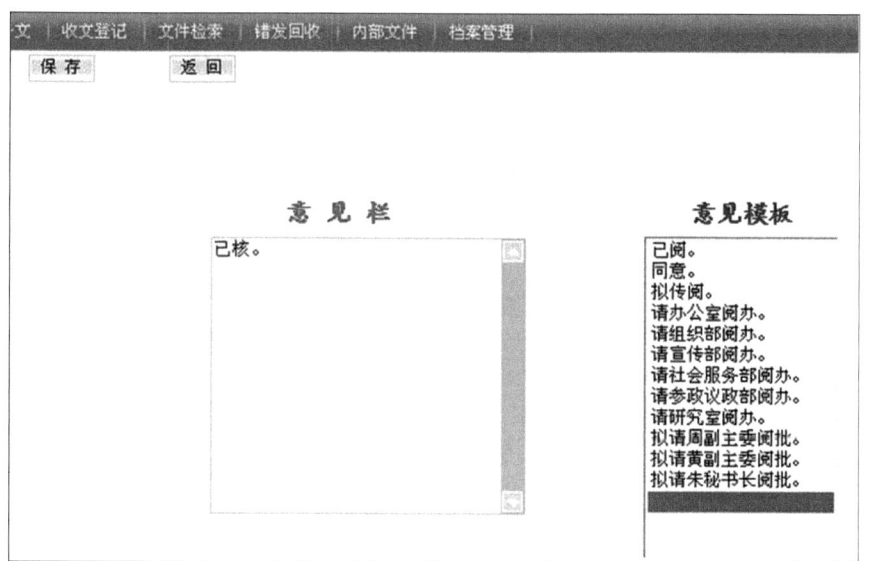

签发：	会签：
	拟稿： 三稿　　刘鸣（2012/06/19）
事由： 关于申报信息化专项预算的函	审核：
拟稿人：熊署	拟稿日期：2012年06月19日
发文号：沪社发〔2012〕50号	红头模板：
主送单位：上海市经济与信息化委员会	

部门负责人核稿完毕，将公文发送给秘书长。

（三）审核

秘书长负责审核，审核完毕，提出意见。下图为填写审核意见界面，及意见提交后的发文纸：

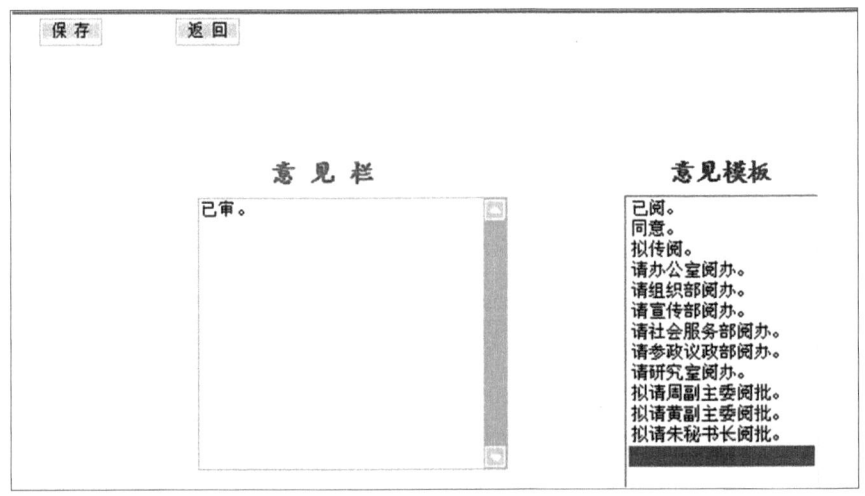

签发：	会签：
	核稿： 已悉. 刘鸣 (2012/06/19)
事由： 关于申报信息化专项预算的函	审核： 已阅. 朱红 (2012/06/20)
拟稿人： 熊雪	拟稿日期： 2012年06月19日
发文号： 沪杜发 [2012] 50号	红头模板：
主送单位： 上海市经济与信息化委员会	

秘书长审核后，将公文发回给办公室。

（四）会签

公文会签未在OA上完成，而是由专职副主委、秘书长与相关部门沟通讨论进行。

（五）督办

办公室机要秘书根据公文格式要求对发文进行修改确认。再将公文发送给专职副主委。

（六）签发

专职副主委负责签发，对公文进行进一步审核，下图为填写签发意见界面，及意见提交后的发文纸：

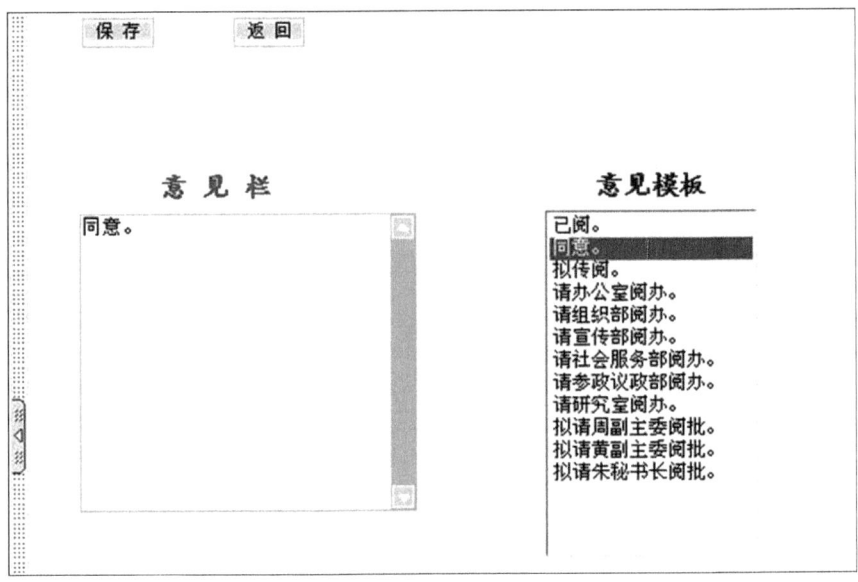

专职副主委签发后,将公文发回办公室机要秘书。

(七)编号

机要秘书负责编号,社市委发文主要有沪社发和沪社办发。

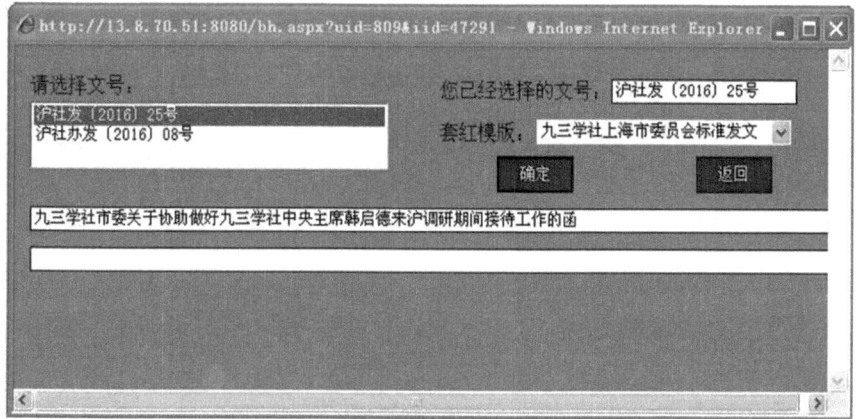

编号完成，文件套红头。

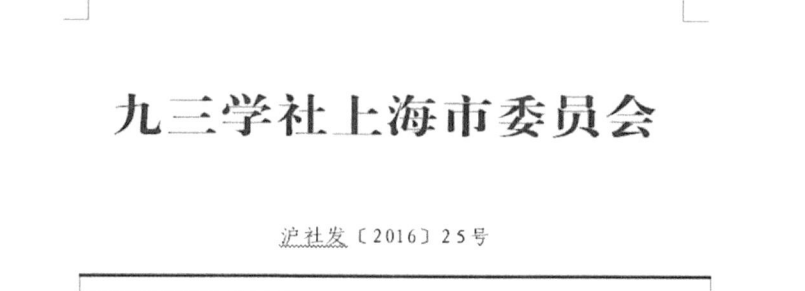

保存完毕，机要秘书将公文发送给拟稿部门负责人。

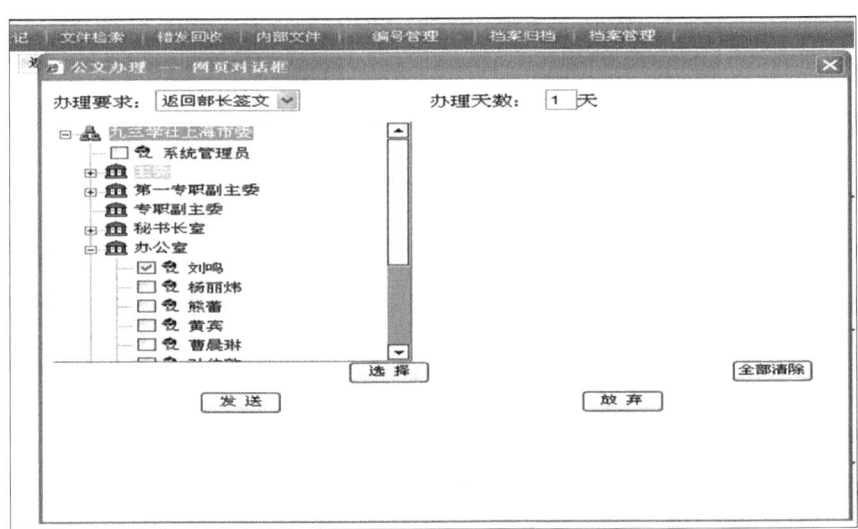

（八）部门审核

部门负责人对公文进行最后的审核。审核无误后，将公文发送给拟稿人。

（九）印制分发

拟稿人开始办理、打印，并由办公室进行最后校对加盖公章。

办理完毕后，拟稿人将公文发送给部门内勤。

（十）归档

部门内勤负责归档（纸质版、电子版双套）。

流程结束。

（执笔人：刘鸣、熊蕾）

省级组织机关工作

办会

代表大会
省委全体（扩大）会议
省委常委会会议
主委会议
主委办公会议
中心组理论学习会
机关工作办公会

代表大会
——以社广西区委为例

一、会前准备工作

（一）决定召开会议的准备

会前 3 个月，办公室负责，主要事项：

（1）草拟召开代表大会的决定，按流程提交主委会、常委会审议，全委会决定。

（2）征询社区委领导意见，拟定会议时间、地点，提出主要内容及大体日程安排、参加人员范围等建议。

（二）制定会议方案

会前 2.5 个月，办公室负责，主要事项：

（1）召开机关办公会议，拟定会务工作职责分工，提出各工作组负责人及人员名单建议，各工作组之间做好协调。

（2）提出须会议审议通过的文件、事项及须提交会议的有关资料清单，制定工作时间表。

（3）方案经各部门会签后，按流程报社区委领导审批。

（4）方案印送各工作组。

（三）制发会议通知

会前1个月，办公室负责，主要事项：

（1）明确会议时间、地点、主要内容、参会代表、报名请假手续、接送站安排、联系方式及有关要求等。

（2）各市、区直工委负责通知本地代表并汇总报名请假情况。

（四）启动各项会务工作

会前1个月，各工作组负责。主要事项：

1. 秘书组——

（1）起草本届委员会工作报告（可视情况提前起草）。

（2）起草会议开幕词、代拟社中央领导贺词及各兄弟党派工商联代表贺词、工作报告的决议（草案）、代表大会的决议（草案）、给离任领导和委员的致敬信、会议闭幕词，预备会、开幕会、闭幕会、主席团会议主持词等，按流程审批后付印。

（3）制定会议材料分发安排表。

2. 组织组——

（1）起草本届省委会换届工作方案、先进集体先进个人评选和表彰方案、会议资格审查委员会主任和委员名单、会议主席团成员建议名单、主席团执行主席建议名单、主席团执行主席分工表、会议秘书长建议名单、代表名单及情况表、大会总监票人监票人名单、筹备工作报告、代表资格审查报告、代表大会选举办法、出席社X次全国代表大会代表建议名单、委员候选人建议名单、常务委员候选人建议名单、主任委员、副主任委员候选人建议名单、一次全委会总监票人及监票人建议名单、一次全委会选举办法、任命秘书长的建议、委员候选人和出席社全国代表大会代表候选人简历、委员候选人和出席社全国代表大会代表建议人选人事安排说明、领导班子候选人人事安排说明、各专门委员会成员名单（草案）、选举会议人数报告单，以及人事说明会、选举会、一次全委会主持词，按流程审批后付印。

（2）准备选票（委员、常委、主副委、出席社全国代表大会代表各2套，正式1套，备用1套）。

（3）选举会人数报告单。

3. 宣传组——

（1）落实新闻媒体记者

（2）起草新闻通稿

（3）编撰代表大会社讯专刊

（4）会场摄影、摄像

（5）与会人员合影安排

4. 后勤组——

（1）编制会议指南（含会议须知、议程、日程安排、分组名单、与会人员及住房安排、各组职责及负责人、天气预报等），按流程送审后付印。

（2）汇总核实报名、请假情况，核查并注明请假原因，按流程送审。确认并通知有关特邀人员。

（3）落实主委会、常委会、代表大会、分组讨论会议及其他会议会场，分配参会人员房间。

（4）邀请落实出席会议开幕式的领导、嘉宾。

（5）制作代表证、列席证、工作证、总监票人证、监票人证等，订购表彰牌匾、荣誉证书、嘉宾胸花。

（6）订购会议用品（资料袋、笔记本、签字笔等）。

（7）落实常委会、代表大会、主席团会议会标。

（8）落实参会人员到站、离站时间，制定接送站方案，落实会议用车。

（9）落实会议音响设备、多媒体设备及其他特需设备。

（10）落实参会人员台标（桌签）。

（11）联系落实会议医疗保障事项。

（12）落实会议签到表。

二、会议期间

（一）报到

（1）检查上会所需文印设备、办公用品、文件、材料、证件、台标等。

（2）提前3天，短信提醒与会人员参加会议。

（3）报到前1天，部分工作人员入住宾馆，分装文件材料。

（4）签到、分发文件材料，引领登记房卡，提醒有关事项。

（5）统计报到人数。

（二）会场

（1）检查会标是否正确，会场坐席摆布是否符合要求，话筒、音响设备、投影仪等设备是否正常等。

（2）根据会议日程，提前摆放桌签、文件。

（3）工作人员引导领导、嘉宾入场就坐。

（4）会前清点人数，及时填写人数报告单给主持人。

（5）提交、备份主持词、有关情况说明稿，提醒发言人，备送有关书面材料、文件。

（6）调试会场音响效果，安排每次大会录音。

（三）会议记录

小组会议记录，会后一周提交。

（四）会议摄影、摄像、合影

（1）落实会场摄影、摄像。

（2）联系专业摄影人员，落实与会人员合影。

（五）新闻记者安排

落实新闻媒体记者采访会议。

三、会后事务处理

（一）宣传报道

（1）在主流新闻媒体、网站、社讯刊登会议新闻报道

（2）编印换届工作社讯专刊

（二）整理归档

（1）整理本届委员会工作报告，按流程审定后印发。

（2）起草会议纪要按流程送签后印发。

（3）对会议通知、议程、日程、出席人员名单、领导讲话、主持词、工作报告、会议通过的文件、决议、决定、大会记录、小组讨论记录、相片等进行汇总归档。

（三）会务工作总结

召开总结会，对会务工作进行及时总结，改进不足。

会议费用结算。

（执笔人：黄忠官）

省委全体（扩大）会议
——以社山东省委为例

一、主要内容

（1）学习贯彻中共中央和九三学社中央全会精神。

（2）听取并审议常委会工作报告。

（3）听取监督委员会工作报告（书面）。

（4）领导班子集体及成员个人述职（书面）。

（5）增选省委委员。

（6）其他事项。

二、前期准备工作（会前8—4周）

（一）建立机构

会前2个月成立会务、组织材料、宣传报道和秘书四个小组，其主要职能分别是：

1. 会务组——

（1）下发会议预备通知。

（2）起草综合性会议文件。

（3）制作会议证件（出席证、工作证、会标）。

（4）安排会议食宿。

（5）购置办公用品（笔、笔记本、文件袋等）。

（6）印制会议手册。

（7）会议照相、摄像。

（8）协同宾馆做好会议安全、医疗、食品卫生工作。

（9）负责会议财务及相关工作。

2.**组织材料组**——

（1）起草会议议程、日程和组织建设相关的会议文件。

（2）负责与会人员报到。

（3）督促检查各项程序的准备及落实情况。

（4）印制发放会议文件。

（5）负责选举事宜。

（6）收集整理会议材料，做好归档工作。

3.**宣传报道组**——

（1）负责新闻稿件的撰写、编辑并发送有关媒体。

（2）负责邀请、接待新闻记者。

（3）负责收集领导讲话和有关材料。

4.**秘书组**——

（1）负责联系落实科学报告会（和辅导报告）报告人、报告题目及内容要点。

（2）会场布置（安排调试会场投影、视频播放、会场音响效果等）、席次安排。

（3）组织安排会议讨论。

(二)搜集工作报告的素材

根据职能,会务组成立后即向各市委、省直基层组织下发通知,请他们报送一年来的主要工作,为常委会工作报告的起草做好准备。

(三)决定召开会议的准备

会议召开前1个月,驻会领导征询社省委主委意见,拟定会议时间、地点、主要内容及大体日程安排等,草拟召开会议决定,按流程提交常委会议决定。

(四)制发会议通知

主委及驻会领导做出决定后,会务组做好如下工作:

(1)明确会议时间地点、主要内容、参会人员及有关要求等。

(2)预备通知各位委员,并汇总报名、请假情况。

注意:邮件、微信、短信、电话等提示委员,会前将请假情况告知机关相关处室。

三、中期准备工作(会前4—2周)

(一)组织材料组

(1)拟订会议议程、日程草案。

(2)起草修改常委会、监督委员会工作报告草案。

(3)起草有关决议草案。

(4)拟订有关决定、办法、建议名单草案。

(5)其他文件事项。

(二)秘书组联系落实科学报告会(和辅导报告)报告人,个人简况、报告题目及内容要点

四、近期准备工作（会前2—0周）

驻会领导和各部室负责人组成的办公会听取各工作组汇报筹备情况，审阅有关文件，与中共省委统战部党派处相关处室联系，确认特邀列席人员名单。

1. **会务组**——
（1）下发会议正式通知。
（2）起草工作报告等综合性会议文件。
（3）制作会议手册。
（4）收集各位常委对《工作报告》（征求意见稿）的意见，定稿《工作报告》。

2. **组织材料组**——
（1）起草会议议程、日程、主持词等相关的会议文件。
（2）印制发放会议文件。
（3）选举的相关事宜。

3. **宣传报道组**——
（1）草拟新闻通稿，搜集新闻素材。
（2）邀请新闻记者。

4. **秘书组**——
组织安排会议讨论的相关情况。

五、现场会务工作（报到前半天—离会）

（1）检查上会所需文印设备、办公用品、文件、材料、桌签、证件（出席证、工作证）等。

（2）未报到委员短信或电话提醒，汇总有关数字报主持人。

（3）备份主持人工作稿、有关情况说明稿。

（4）做好会议记录、起草会议纪要。

（5）会议食宿安排。

（6）会场布置（安排调试会场投影、视频播放、会场音响效果等），会标、席次安排。

（7）会议照相、摄像。

（8）督促检查各项程序的准备及落实情况。

（9）协同宾馆做好会议安全、医疗、食品卫生工作。

（10）收集整理会议材料，做好归档工作。

六、会后工作（会后1—3周）

（1）整理归档（包括会议通知、议程、日程、出席人员名单、领导讲话、主持词、工作报告、会议通过的文件、决议、决定、大会记录、小组讨论记录等）。

（2）负责收集领导讲话和有关材料。

（3）结算报销会议有关费用。

（执笔人：孙钢）

省委常委会会议
——以社安徽省委为例

一、主要内容

（1）组织学习贯彻中共中央、中共＊＊省委和九三学社中央重要会议精神。

（2）组织实施九三学社中央和社省委全体会议的决议和决定。

（3）讨论决定省社工作中的重要制度和重大问题。

（4）讨论并决定召开社省委全体会议或社省委全体扩大会议，审议提交社省委全体会议的工作报告及会议议程、日程等有关文件，召集并主持社省委全体会议。

（5）讨论并决定各专门委员会主任、副主任的任免，讨论并决定社省委秘书长的任免。

（6）研究决定省社代表大会的规模及代表产生办法；审议通过社省委换届方案和届中调整人选；在代表大会期间，主持社务工作，直到新的常委会产生为止。

（7）审议主委会提交的其他事项。

二、重点工作、分工及时间段

（一）决定召开会议的准备

会前3周，社省委办公室和常委会秘书负责。主要事项：

（1）征询社省委领导意见，拟定会议时间、地点，提出会议主题及大体日程安排，参加人员范围等建议（会议时间依从主要领导日程）。

（2）将会议方案、议程、日程等有关材料，提交主委会议审议通过。

（二）制发会议通知

（1）社省委办公室根据日程落实会议召开酒店。

（2）常委会秘书草拟通知，明确会议时间地点、主要内容、参会人员、报名请假手续及提交会议交流材料的有关要求、注意事项等。

（3）通知抄送各市级组织、社省委机关各部门、中共省委统战部。

（4）常委会秘书负责参会情况反馈。

（三）启动各项会务工作

（1）根据会议内容，督促提醒有关部门准备会议材料。

（2）提出大会主持人、发言人建议。

（3）按日程和人数预订房间及会议室。

（四）完成具体筹备工作事务

会前1.5周，社省委办公室、常委会秘书负责。具体事项：

（1）汇总常委会报名、请假情况，核查并注明请假原因，按流程送审。

（2）督促落实有关文件、事项等，按流程审批。

（3）与中共省委统战部相关处室（党派处）联系，确定特邀列席人员名单。

（4）落实列席人员名单及有关工作人员。

（5）起草相关主持人工作稿，按流程审定后送主持人。

（6）编制会议手册（含会议须知、日程安排、与会人员及住房分配等），按流程送审后付印。

（7）制作出席人员及工作人员签到表。

（8）订购会议有关用品。

（9）落实会标、桌签、会议音响设备及其他设备。

（10）确保会议用车。

（11）落实摄影、摄像工作。

（12）提前联系有关媒体，做好宣传工作。

（五）重点保障现场会务工作

报到前1天—离会。主要事项：

办公室负责：

（1）检查会议所需文印设备、办公用品、文件、材料等。

（2）报到前1天，分装文件材料，并送至报到地点。

（3）热情迎接，签到、分发文件材料，引领登记房间，提醒有关事项。

（4）核实有关领导、特邀人员及其他参会人员到会时间，提前做好接待准备。

（5）协助安排其他人员住宿问题等。

（6）开会前1天布置会场，检查会标是否正确，会场坐席排布是否符合要求，话筒等设备是否正常等。

（7）根据会议日程，提前摆放桌签、文件。

（8）安排调试会场音响等，安排会议摄影等。

（9）会议开始前，联络接待领导和特邀人员，协助安排座次，引导常委入场，做好会场服务。

常委会秘书：

（1）查看常委到会时间。

（2）统计报到人数。

（3）会议开始前，提前到达会场。再次核对主席台桌签顺序、文件、人数、主持人工作稿，检查话筒是否到位。

（4）做好会议记录。

（六）会后总结工作

会后1—2周，社省委办公室、常委会秘书负责。主要事项：

（1）整理归档（包括会议通知、议程、日程、出席人员名单、领导讲话、主持词、会议通过的文件、决定、会议记录等）。

（2）结算报销会议有关费用。

（3）起草会议纪要，按流程送签后印发。

（4）召开总结会，对会务工作进行及时总结，改进不足。

（执笔人：周莉）

主委会议
——以社江苏省委为例

一、会议前期准备工作

（1）确定时间：会前三周由秘书长协调专职副主委、主委及各兼职副主委议定时间。

（2）拟发通知：会前两周由社省委办公室拟发会议通知并收集参会回执。

（3）准备材料：由社省委办公室负责准备会议议程、日程，由相关职能处室准备上会材料，经秘书长、专职副主委审核确认后印制。

二、会议期间工作

（1）会场检查：检查会标、音响话筒、座签摆放、材料发放等。

（2）会议报到：与会人员签到、发放会议材料、安排住房及提醒有关事项。

（3）会议引导：安排人员在会议大厅、电梯、会议室门口等主要地点引导与会人员。

（4）会议记录：主委会议由主委会秘书负责记录。

三、会后事务处理

（1）主委会议一般不安排记者宣传报道，如有需要由相关部门负责宣传报道。

（2）在会议结束后三个工作日内印发会议纪要。

（3）在会议结束后一周内结算费用。

（4）安排传达落实会议精神。

（5）会议结束后一周内，由主委会秘书将会议材料整理归档。

（执笔人：戴艳）

主委办公会议
——以社河南省委为例

一、举行会议有关事项依据

根据《九三学社社章》第三十二条规定，参照"中央主席办公会议"部分。

二、主要内容

（1）传达学习中共中央、社中央、中共省委、省政府和省委统战部等有关方面的重要指示、重要部署和重要会议精神；研究并提出贯彻意见。

（2）研究并拟定主委会、常委会议程、日程草案，审议提交主委会、常委会的文件，为主委会、常委会召开做好准备工作。

（3）研究决定以社省委名义报送社中央、省委、省人大、省政府、省政协等有关单位的报告、建议、提案、发言等材料。

（4）定期向主委会议汇报工作。

（5）研究决定社省委机关年度工作计划；听取市级组织、社省委机关年度工作完成情况汇报。

（6）研究决定社省委年度财务预算；听取并审查年度财务预算执行情况。

（7）酝酿、提出社省委机关处级、科级工作人员任免人选的建议，并按程序报请主委会、常委会审议决定（任免）；调配机关工作人员。

（8）提出设置省级专门委员会的建议，决定省级专门委员会委员的任免。

（9）研究决定新社员发展事宜。

（10）修订社省委和省委机关有关规章制度。

（11）研究决定需要由主委办公会处理的其他重要问题。

三、工作流程

（1）主委办公会议由主委召集，根据会议时间，由办公室落实专职副主委、秘书长出席情况。

（2）根据主委指示，拟定主委办公会议议题，制定议程（草案）。会议议题或由专职副主委、秘书长提出，报主委审定。

（3）社省委各部门根据会议议程准备材料。材料须由各部门正式内部签报（行文）并报专职副主委签字，汇总后报主委审定。

（4）社省委办公室做好材料印制和会务保障工作。

（5）会前查看会议室、材料准备情况，落实参会领导及时到会。

（6）社省委办公室做好会议记录。

（7）会议后，办公室要及时整理会议纪要，按流程报主委审核签发，或由主委授权专职副主委签发。

（8）会议纪要定稿后，办公室负责印制、发放。

（9）办公室负责整理会议材料并进行存档。

注意：会议涉及人事的议题，按人事流程办理。

（执笔人：刁卫星）

中心组理论学习会
——以社四川省委为例

一、制定《社四川省委中心组理论学习制度》

由组织处负责起草,制度要明确参加人员、学习要求、重点学习内容、学习方式方法、组织保障等,经机关办公会研究,报主委会讨论通过。

二、制定会议方案

由组织处负责起草,方案包括时间、地点、参会人员、学习内容、会议议程等,报秘书长审核后,由专职副主委请示主委后审批。

三、会议通知

由办公室负责通知参会人员,收集参会回执。

四、会场准备

由办公室负责会标、座牌、话筒、音响等准备工作。

五、会议记录

由组织处派专人负责会议签到和会议记录。

六、会议报道

由宣传处负责会后宣传报道。

（执笔人：丁武）

机关工作办公会
——以社天津市委为例

一、会议由专职副主委或秘书长负责召集并主持，副秘书长、机关各部门负责人出席。根据会议需要，可通知相关人员列席

二、会议定期召开，也可根据实际需要临时召集

三、会议主要内容

（1）传达学习有关会议、文件精神。

（2）贯彻落实主委会议精神和决定。

（3）研究落实有关部门和领导同志的重要指示。

（4）研究向主委会议或有关部门提出的重要议题和事项。

（5）研究机关工作，通报重要事项。

（6）各部门总结近期主要工作、汇报工作计划。

（7）其他事项。

四、办公室负责会务工作。会务工作主要包括会议通知、会议记录等

（执笔人：刘明浩）

省级组织机关工作

办事

机关干部晋升

后勤事务

档案管理

网络信息

离退休人员事务

社员来信来访处理

对口联系基层组织

绩效考核

政务接待

巡视督导工作有关事务

机关干部晋升
——以社重庆市委为例

一、依据主要文件

——《中华人民共和国公务员法》

——2014年1月,新修订颁布的《党政领导干部选拔任用条例》

——《公务员职务任免与职务升降规定（试行）》（中组发〔2008〕7号）

二、晋升条件

（一）县（处）级领导职务晋升条件

（1）提任县（处）级领导职务的，应当具有五年以上工龄和两年以上基层工作经历。

（2）提任县（处）级以上领导职务的，一般应当具有在下一级两个以上职位任职的经历。

（3）提任县（处）级以上领导职务，由副职提任正职的，应当在副职岗位工作两年以上，由下级正职提任上级副职的，应当在下级正职岗位工作三年以上。

（4）一般应当具有大学专科以上文化程度。

（5）应当经过党校、行政院校或者组织（人事）部门认可的其他培训机构五年内累计三个月以上的培训，确因特殊情况在提任前未达到培训要求的，应当在提任后一年内完成培训。

（6）身体健康。

（二）县（处）级及以下非领导职务晋升条件

（1）在近两年年度考核中定为优秀或近三年年度考核中定为称职以上。

（2）晋升科员、副主任科员、主任科员职务，应分别任下一级职务三年以上；晋升副调研员、调研员职务，应分别任下一级职务四年以上。

（3）晋升科员、副主任科员、主任科员职务，应具有高中、中专以上文化程度；晋升副调研员、调研员职务，应具有大专以上文化程度。

（4）身体健康。

（5）符合任职回避规定。

（6）按照管理权限由有关机关根据具体职位需要规定的其他条件。

三、晋升程序

（一）县（处）级领导职务晋升程序

（1）动议。根据单位编制、领导职数等实际情况，提出干部晋升初步建议，经与有关部门沟通达成一致后，启动晋升程序。（重庆现有做法为：程序启动后还须向有关部门函报晋升方案。）

（2）民主推荐。根据实际情况，由单位组织或配合有关部门开展民主推荐和民主谈话。（重庆现有做法为：所有推荐人选如晋升后纳入《领导干部个人事项报告》填报范围的，要提前填写《领导干部个人事项报告》并送有关部门进行任前核查。）

（3）酝酿。按照干部管理权限，在考察前，讨论决定或者决定呈报前，应当充分酝酿（重庆现有做法为：召开主委办公会），确定人选。

（4）组织考察。根据实际情况，由单位组织或配合有关部门围绕考察对象德、能、勤、绩、廉等方面的情况，对人选进行全面考察，形成考察材料。

（5）讨论决定。按照干部管理权限集体讨论决定。（重庆现有做法为：经有关部门集体讨论通过后，副县（处）级由主委会、正县（处）级由常委会讨论表决，做出任职决定。）

（6）公示。任职前公示7-15个工作日。

（7）任职。公示不影响任职的，印发任职通知，按规定办理任职手续，包括：调整工资、向人力社保和编办备案等。新提任的，试用期一年。

（二）县（处）级及以下非领导职务晋升程序

（1）动议。有职数空缺时，由单位人事部门向领导成员报告情况，同意启动晋升程序。（重庆现有做法为：须形成工作方案函报人力社保局审批。）

（2）民主推荐。工作方案经人力社保局通过后，由单位组织会议推荐和谈话推荐提出考察对象。单位相关会议审定考察对象。（重庆现有做法为：召开主委办公会或机关办公会。）

（3）考察。单位就考察对象的德、能、勤、绩、廉等情况进行考察，形成书面材料。

（4）讨论决定。按照干部管理权限集体讨论决定。（重庆现有做法为：主委会讨论表决，做出任职决定。）

（5）公示。任职前公示7-15个工作日。

（6）审核备案。公示不影响任职的，向人力社保局去函审核备案。

（7）任职。待人社局审核通过后，印发任职通知（重庆现有做法为：还需抄送统战部），按规定办理任职手续，包括：调整工资、向人力社保和编办备案等。

四、任职转正

新提拔县（处）级领导干部，在试用期满后，根据实际情况，由单位组织或配合有关部门进行考核（重庆现有做法为：采取撰写个人总结、开展民主测评等形式），经考核胜任现职的，正式任职；不胜任的，免去试任职务，一般按试任前职级安排工作。转正考核结果向人力社保部门去函备案登记。

（执笔人：涂慧琼、徐好）

后勤事务
——以社河南省委为例

一、丧事办理

（一）治丧类别

1. 生前曾任社省委主委、副主委、常委

（1）工作单位在省会城市的，办公室协助所在单位办理丧事。

（2）办公室负责以社省委名义发唁电、送花圈。社省委领导以个人名义致唁电或送花圈的，由办公室代为办理。

（3）宣传处负责在社内网站和《社讯》上刊发消息和生平。

（4）社省委领导（或代表）出席遗体告别仪式。

2. 生前曾任社市级组织主委

（1）丧事由其所在工作单位主办。

（2）办公室负责以社省委名义发唁电、送花圈。

（3）宣传处负责在社内网站和《社讯》上刊发消息。

（4）社省委领导（或代表）出席遗体告别仪式。

3. 生前曾任社省委委员或与九三学社有较深历史渊源的老同志

（1）办公室以社省委或办公室名义发唁电、送花圈。

（2）社省委领导视情出席遗体告别仪式。

4. 生前曾任社省委机关处级（含）以上职务的人员

（1）由办公室承办丧事。

（2）办公室以社省委或办公室名义发唁电、送花圈。

5. 生前曾任社省委机关科级及以下职务的人员

（1）丧事由遗属承办，办公室协助办理。

（2）办公室以社省委或办公室名义发唁电、送花圈。

（二）机关治丧工作程序

1. 慰问遗属

办公室负责安排。

生前曾任机关处级（含）以上领导的人员，由专职副主委（含）以上领导到户慰问遗属；科级（含）以下职务人员由办公室领导到户慰问遗属。

2. 寄发讣告

办公室负责拟写和印发。

生前曾任社省委委员以上或处级（含）以上职务的机关人员，讣告发送社各市级组织、省委统战部党派处和机关各处室，视情况发送有关单位和个人。

3. 提供生平

（1）拟写生平：生前曾任社省委委员以上职务的人员由组织处拟写，征求遗属意见后，经社省委领导审定；其他人员由办公室拟写。

（2）办公室印制生平。

（3）宣传处负责在网站发布生平。

4. 办公室落实发唁电、送花圈名单，以及参加遗体告别仪式领导名单

5. 告别仪式前准备工作（机关主办的丧事，办公室负责以下事项）

（1）与遗属沟通告别仪式流程。

（2）陪同遗属与殡仪馆联系落实遗体告别仪式时间、场地。

（3）陪同遗属与殡仪馆、遗体存放地联系起灵事宜。

（4）陪同遗属与殡仪馆联系遗体火化、骨灰安葬事宜。

（5）联系殡仪馆落实花圈、挽联。

6. 办公室负责发布遗体告别仪式通知

7. 告别仪式当天（办公室提前起草工作方案，明确分工）

（1）起灵→到达殡仪馆。

（2）布置告别厅。

（3）安排签到、发放生平。

（4）组织参加告别仪式人员排队、引导告别。

（5）告别仪式后，陪同遗属领取并安放骨灰。

8. 办公室负责丧葬费及发放一次性抚恤金

9. 讣告、生平、发唁电名单、送花圈名单、出席遗体告别仪式领导名单、工作方案、影像资料等归档

二、办公用品采购、领用

（一）采购

1. 采购范围

机关采购主要包括基本建设工程支出，购置设备、车辆、办公用品等消耗性支出，印刷、会议等服务类支出，其他须列入办公经费项目的支出。

2. 日常消耗性采购方法

（1）根据办公用品申购需求，各处室负责人填写申购单，报办公室汇总。

（2）办公室根据各处室提出的申请和库存情况，及时提出采购计划，提交社省委领导审批。

（3）办公室、财务室按需求统一购买、保管。

（4）费用结算，凭有税发票和采购用品详单即办即结。

3. 工程类、服务类采购办法

（1）机关提出服务类采购需求，报社省委领导审批。

（2）采购金额在定点采购限额标准以下的，由办公室定点采购或自行采购。

（3）采购金额在定点采购限额标准以上的，办公室提出采购方案，报社省委领导审批后，按当地财政相关要求采购。

（4）采购金额在120万元（含）以上的，公开招标。

4. 大宗办公用品和固定资产采购办法

购置大宗办公用品，各处室先写出采购申报，注明用品名称、规格、型号、用途等具体要求，报社省委领导审批后，到办公室登记，由办公室和财务室负责统一采购结算。

采购总额在10000元以上的重大采购项目由社省委主委办公会议研究确定，由办公室、财务室按财政纪律规定办理采购手续，须政府采购的委托当地采购中心统一办理，由财务结算。

（二）领用

（1）办公室做好办公用品的验收、登记和库存量统计。

（2）各处室填写领用单，经办公室核实后发放。各处室根据实际使用情况登记领取，领取数一般不得超过规定数额。

（3）各类会议用办公用品，由会议主办处室指定专人向办公室统一领取。

（三）文件归档

大额采购计划、采购申请及有关批复文件，招标或采用非招标方式产生的文件，以及合同、验收单等文书材料，应及时归档。

三、车辆管理

（一）用车范围

（1）社省委领导通勤用车。

（2）从社省委退下来的主委、副主委和机关厅级以上离退休干部用车。

（3）经专职副主委批准的机关急件、密件通信，外事用车。

（4）接待社省委来访客人在省内活动期间用车。

（5）机关处级干部代表社省委到路途较远且交通不便地方的公务活动用车。

（6）经专职副主委批准的、因路途较远的、提携重物的机关工作人员公务用车。

（7）经专职副主委批准的其他用车。

（二）车辆使用管理

（1）机关车辆由办公室管理，指定专人具体负责。

（2）车辆实行专人驾驶，统一调配。

（3）除社省委领导通勤用车外，其他需用车的处室或个人应提前

1天与办公室联系。

（4）办公室在派车前应填写《车辆行驶任务单》（以下简称《任务单》），经专职副主委批准后，安排驾驶员出车。驾驶员凭《任务单》出车，完成任务后，及时填写完善《任务单》内容，交办公室备案。

（5）车辆备用工具、燃料、配件及驾驶员劳保用品等由办公室统一购买，交付驾驶员保管使用。

（6）车辆出现机件故障，驾驶员须认真填写维修报批申请。如遇急修，应先电话告知申请，经批准后到指定厂家修理。

（7）为保证车辆安全，每次用车完毕，车辆应停放在机关。如遇特殊情况需在外停车过夜，应事先与办公室联系并经同意。擅自在外停车过夜，由此发生意外事故，一概由驾驶员自负。

（三）车辆维修管理

（1）驾驶员负责所用车辆保养。出现故障，无法排除或需要更换零配件的，应到机关指定的修理厂进行维修。

（2）凡须进厂维修的车辆，由驾驶员填写《汽车修理派遣单》，按财务管理审批权限报领导批准后，按规定程序送修。

（3）进厂后，须严格按送修通知项目进行维修。需调整或增加项目，必须按程序进行报批方能维修。

（4）车辆修复后，驾驶员要仔细审查验收更换的零配件及修理项目，严把质量关和数量关。

（5）厂方凭结算单及修理报告按月送办公室审核。

（6）凡未按维修程序及规定维修车辆的费用一律不予报销。

（四）行车安全教育和事故违章管理

（1）驾驶员要遵守《中华人民共和国道路交通安全法》及相关法

律法规；要及时掌握车辆的安全情况，检查机油、汽油、刹车、冷却水等状况，发现问题及时处理，消除隐患；要积极搞好一年一度的车辆年检、驾驶证年审工作；服从办公室统一调度安排；不得私自将车辆出租、出借。

（2）交通事故的处罚以公安交警部门的报告为依据，驾驶员按事故责任大小承担保险公司理赔后的差额。造成严重损失的，驾驶员还应依法承担相关民事、刑事责任。

（3）私自出车、出租、出借所造成的一切后果由驾驶员本人负责。

（4）驾驶员违反交通规则的罚款一律不予报销。

（执笔人：刁卫星）

档案管理
——以社河北省委为例

一、文书档案的整理

（一）档案整理工作流程图

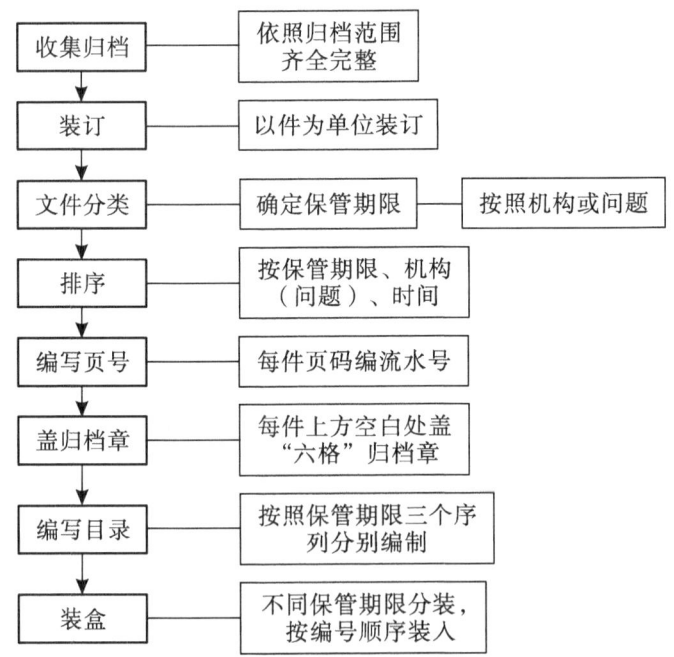

（二）档案收集及归档

1. 归档要求

（1）归档的文件必须完整，能够准确反映机关工作以及各项活动的真实内容和历史过程。

（2）本单位自行文必须保留底稿，用计算机起草的文件要将有领导签字的文件作为底稿。一般正文要求存一式两份，一份作为备份（备份可无底稿）。

（3）文书档案的归档工作一般应在第二年5月底前完成上年度归档工作。

（4）归档文件资料中，文件的正件与附件、复印件与定稿、请示与批复、转发文件与原稿形成的同一文件，不得遗漏。

2. 归档范围及保管期限

办公室

（1）社员代表大会、全委会、常委会、主委会会议材料

①请示、批复、通知、人员名单、日程安排、报告、讲话、总结、决议、决定、纪要、领导班子人员述职报告【永久】

②典型材料、代表发言材料、交流材料、简报【30年】

（2）本单位召开工作会议、专题会议的文件材料

①请示、批复、通知、人员名单、日程安排、报告、讲话、总结、决议、决定、纪要、领导班子人员述职报告【永久】

②典型材料、代表发言材料、交流材料、简报【30年】

（3）本单位与有关单位联合召开会议的文件材料

① 本单位主办的会议

a.请示、批复、通知、名单、日程、议程、报告、讲话、总结、决议、决定、纪要、声像等【永久】

b.典型材料、代表发言、交流材料、简报【30年】

c.会议小组讨论记录、参考资料【10年】

②本单位协办的会议

a.请示、批复、通知、名单、日程、议程、报告、讲话、总结、决议、决定、纪要、声像等【30年】

b.典型材料、代表发言、交流材料、简报【10年】

c.会议小组讨论记录、参考资料【10年】

（4）本单位举办的重要庆典、纪念活动，具有影响的重大事件、重大活动形成的活动方案，邀请函，参加人员名单，领导、嘉宾讲话，贺信（电），新闻通稿等材料【永久】。

（5）上级机关制发的需要贯彻执行的文件材料

①重要业务问题【永久】

②一般业务问题【10年】

（6）本单位制发的文件材料

①围绕中心工作制定的规定、办法、决定、规划、纲要等文件材料【永久】

②基础工作性文件材料【30年】

③事务性有参考价值的文件材料【10年】

（7）本单位的请示、报告，上级机关的批复、批示

①法规政策、重要业务问题的【永久】

②基础性业务问题或技术性业务问题的【30年】

③一般性问题或机关之间征求意见的来往函件【10年】

（8）同级机关、下级机关的来函、请示与本机关的复函、批复等文件材料

①法规政策、重要业务问题的【永久】

②基础性业务问题或技术性业务问题的【30年】

③一般性问题或机关之间征求意见的来往函件【10年】

（9）本处室工作请示、报告及批复、办理情况

①重要业务问题的【30年】

②基础性问题的【10年】

（10）社省委计划要点、工作总结、统计等方面的文件材料

①年度及年度以上的【永久】

②年度以下的【10年】

③各种专项工作和重要职能活动的【永久】

④其他活动的【10年】

（11）本单位编辑、编写的大事记、年鉴等【永久】

（12）社中央检查、视察本单位工作时形成的文件材料

①通知、请示、批示、题词、讲话、纪要、声像等材料【永久】

②接待计划、方案、简报等【30年】

③本机关工作汇报材料【30年】

（13）接待其他同级单位考察、调研工作的日程安排、简报。【10年】

（14）本单位开展调研活动形成的通知、下级机关的汇报、统计数据、调研报告等材料

①涉及本单位主要业务工作的调研材料【永久】

②对基础性业务问题进行调研形成的材料【10年】

（15）本单位公文、档案、保密、机要、信访等工作的制度、办法及表彰等文件材料【30年】

（16）印信启用和作废的文件材料【永久】

（17）机关财务预算【30年】

（18）本单位针对机构编制、组织人事管理、外事管理工作制发的文件材料

① 政策、法规、方针、制度、规定及重要问题的【永久】

② 事务性有参考价值的【10年】

（19）本单位内部机构设置、机构撤并、组织简则等文件材料【永久】

（20）本单位内部设立临时机构的文件材料【10年】

（21）本单位人事任免文件；关于职工录用、转正、聘任、调资、定级、停薪留职、辞职、调动、离退休、死亡、抚恤等文件材料；关于人事考核文件材料【永久】

（22）本单位关于职工调动工作的行政、工资关系的介绍信及存根【永久】

（23）市、区统计局劳资情况统计报表；年度组织人事基本情况报表；机构编制信息采集表【永久】

（24）本单位事务管理文件材料

① 机关物资（办公设备及用品、机动车等）采购计划、审批手续、招标投标、购置等文件材料，机动车调拨、保险、事故、转让等文件材料【30年】

② 本单位国有资产管理（登记、统计、核查、清算、交接等）文件材料

a. 房产、车辆等价值较大的【永久】

b. 低值易耗品的【10年】

（25）反映本单位主要职能工作活动的照片、光盘、磁盘、录音、录像、报刊等【永久】

（26）上级机关下发的表彰决定，获得的奖杯、奖旗、奖状、牌

匾等实物【永久】

（27）本室年度工作计划、总结【30年】

组织部

（1）社省委换届会议及届中调整的文件材料

请示、批复、通知、人员名单、议程、报告、讲话、总结、决议、决定、纪要、记录【永久】

（2）本部召开的座谈会、经验交流会等会议材料【30年】

（3）主委、副主委出席社中央组织工作会议的文件材料

① 本单位领导在会上的发言材料【永久】

② 会议的通知【30年】

（4）本部工作人员参加上级领导机关或业务指导机关召开的与本单位职能有关的会议、培训等的材料【10年】

（5）本部起草的社省委有关组织建设方面重要决定、决议、意见等文件材料【永久】

（6）社中央关于组织工作的来文、来函及办理情况

① 法规、政策、重要业务问题的【永久】

② 基础性业务问题的【30年】

③ 没有批复文件的请示（较重要的）【10年】

（7）本部工作的请示、批复及办理情况

① 重要业务问题的【30年】

② 基础性问题的【10年】

（8）各社市委换届及届中调整的请示及社省委的批复【30年】

（9）本部组织工作中的各种统计报表

① 年度及年度以上的【永久】

② 年度以下的【10年】

（10）有关社的组织建设的调研形成的文件材料

① 调研报告【30年】

② 一般调研材料【10年】

（11）社员、社的各级干部及专职干部培训工作材料【30年】

（12）审批新社员材料【永久】

（13）有关社员管理、考察、教育等工作形成的文件材料【10年】

（14）社员担任全国及省级人大代表、政协委员名册、后备干部队伍名册【永久】

（15）专职干部名册、社员名册【永久】

（16）社省委的人事任免、批复、请示、报告等【30年】

（17）反映本单位主要职能工作活动的照片、光盘、磁盘、录音、录像、报刊等【永久】

（18）上级机关下发的表彰决定，获得的奖杯、奖旗、奖状、牌匾等实物【永久】

（19）本部年度工作计划、总结【30年】

宣传（参政议政）部

（1）宣传工作会议、参政议政工作会议形成的文件材料

① 本单位领导在会上的发言材料【30年】

② 会议的通知、名单、日程安排、领导讲话【10年】

③ 典型材料、代表发言材料、交流材料【10年】

（2）本部召开的座谈会、经验交流会等会议材料【30年】

（3）主委、副主委出席社中央宣传工作会议、参政议政工作会议的文件材料

① 本单位领导在会上的发言材料【永久】

② 会议的通知【30年】

（4）本部工作人员参加上级领导机关或业务指导机关召开的与本单位职能有关的会议、培训等的材料【10年】

（5）本单位关于宣传、参政议政工作的请示、报告，批复、批示及办理情况

① 政策、办法、重要业务问题的【永久】

② 基础性业务问题的【30年】

（6）上报社中央、省政协、省委统战部的反映社情民意信息材料【30年】

（7）上报社中央、省委统战部、省政府的建议材料【永久】

（8）上报省政协的大会发言和提案【永久】

（9）省领导的提案批示、提案答复【永久】

（10）九三学社各市委上报社省委的提案或信息工作总结、报告、请示【10年】

（11）本部工作的请示、批复及办理情况

① 重要业务问题的【30年】

② 基础性问题的【10年】

（12）本部宣传工作、参政议政工作中的各种计划、总结、统计等方面的文件材料

① 年度及年度以上的【永久】

② 年度以下的【10年】

（13）对外宣传工作形成的文件材料

① 本单位新闻宣传、信息报道的文件材料、重要的报纸、发言稿、照片、声像材料【永久】

② 一般性简讯报道等【10年】

（14）本部编辑的文件汇编、方志等【永久】

（15）年度社情民意信息工作通报材料、表彰材料【30年】

（16）《九三冀刊》【永久】

（17）《简讯》【30年】

（18）开展的重要专题调研活动形成的通知、调研报告等材料【永久】

（19）反映本单位主要职能工作活动的照片、光盘、磁盘、录音、录像、报刊等【永久】

（20）上级机关下发的表彰决定，获得的奖杯、奖旗、奖状、牌匾等实物【永久】

（21）本部年度工作计划、总结【30年】

科技部

（1）科技会议形成的文件材料

① 本单位领导在会上的发言材料【永久】

② 会议的通知、名单、日程安排、领导讲话【30年】

③ 典型材料、代表发言材料、交流材料【10年】

（2）本部召开的座谈会、经验交流会等会议材料【30年】

（3）主委、副主委出席社中央科技工作会议的文件材料

① 本单位领导在会上的发言材料【永久】

② 会议的通知【30年】

（4）本部工作人员参加上级领导机关或业务指导机关召开的与本单位职能有关的会议、培训等的材料【10年】

（5）科技工作中产生的文件材料

① 政策、办法和专题调研报告【永久】

② 一般业务性的【30年】

③ 事务性有参考价值的【10年】

(6) 本单位关于科技工作的请示、报告，批复、批示及办理情况

① 政策、办法、重要业务问题的【永久】

② 基础性业务问题的【30年】

(7) 本部工作的请示、批复及办理情况

① 重要业务问题的【30年】

② 基础性问题的【10年】

(8) 九三学社各市委上报社省委关于科技工作的总结、报告、请示【10年】

(9) 本部关于科技工作的各种计划、总结、统计等方面的文件材料

① 年度及年度以上的【永久】

② 年度以下的【10年】

(10) 有关科技工作调研产生的文件材料

① 调研报告【30年】

② 一般调研材料【10年】

(11) 本部科技工作中产生的报表

① 年度及年度以上的【永久】

② 年度以下的【10年】

(12) 反映本单位主要职能工作活动的照片、光盘、磁盘、录音、录像、报刊等【永久】

(13) 上级机关下发的表彰决定，获得的奖杯、奖旗、奖状、牌匾等实物【永久】

(14) 本部的年度工作计划、总结【30年】

(三) 档案的装订

完成文件归档后，一般按"件"进行装订。

1. 装订前的准备工作

（1）检查文件材料是否齐全完整，如有缺张少页或附件等不齐全的应设法补齐，有破损的应予以修整，有不宜久存的应予以复制；

（2）装订边太窄的适当贴纸加宽，纸张大于 A4 标准的应按 A4 标准酌情进行折叠或裁切，小于 A4 国标的应酌情按 A4 进行背贴；

（3）剔除多余的重份和不必要的复制件；

（4）金属钉装订的文件，须拆除金属钉。

2. 系统排列

一份文件由几部分组成时，装订前应按下列顺序进行排列：

（1）正本在前，签发稿在后；

（2）正文在前，附件在后；

（3）原件在前，复制件在后；

（4）转发件在前，被转发件在后；

（5）批复在前，请示在后；

（6）不同文字的文本，中文本在前，外文本在后，汉文本在前，少数民族文字在后；

（7）成套报表一册为一件。

3. 装订方法及要求

（1）文件装订要求无掉页，无压字现象，无金属物。

（2）线绳装订法：用细线绳装订文件，要求统一在距离文件左侧边沿 1.5 厘米处，上下均匀扎三个相距 8 厘米的孔，穿上细线绳适当抽紧并打结。（如下图）

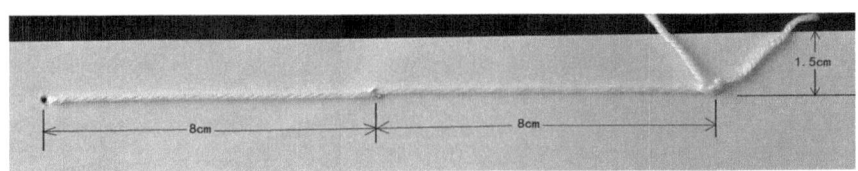

（3）太薄文件的处理：对于太薄的文件（如2页），可以使用少许浆糊进行粘贴。

（四）档案的分类

按照"保管期限—年度—机构"分类法对档案进行分类。

（1）划分保管期限。把归档文件视其重要程度按保管期限分成永久、30年、10年三部分。

（2）把同一保管期限内的文件按内部机构（部门）分开，如：办公室、组织部、宣传部、参政议政部、科技部。内部机构排列顺序应与有关文件规定或约定俗成的顺序相吻合。

（3）以年度为单位，跨年度的会议、事由、临时性工作等形成的文件材料，放在最终了结年度。

（五）档案的排序

按照"保存期限—机构（部门）—事由—成文时间"的顺序排列。即以"件"为单位，在分类方案最低一级类目内，按照事由结合时间及重要程度排列。

具体要求为：

（1）同一保管期限的，按照部门排序，排列顺序：办公室—组织部—宣传部—参政议政部—科技部。

（2）同一部门的，将同一事由的文件排在一起，如会议、人事、表彰奖励等要分别排在一起。

（3）同一保管期限、不同事由的，按文件的重要程度排列。

（4）同一事由的文件按照事件了结的时间顺序排列。

（5）会议文件、统计报表、简报等成套文件材料要集中排列。

（六）编写页号

（1）以"件"为单位、用阿拉伯数字顺序流水号编写页号，也就是每件均从"1"开始编起。

（2）编页号应使用黑铅笔书写。从档案科学管理的角度来看，页号具有相对的不稳定性。一是不符合要求的案卷须重新整理；二是手工编号会发生漏号、重号等，有利于改正。

（3）凡装订的文件中有字迹的页面都要编写页号。如双面印刷的文件，页号编写的位置，奇数页编写在右上角，偶数页编写在左上角。

（4）对纵横、反正、交错装订的卷内文件按照阅读的自然习惯编写页号。

（5）对大于16开的整张图、表或文件、因装订原因形成两个以上页面的，应视为一个页面，编一个页号。

（6）一份文件的总页数，以该文件最后一个页号为准。

（七）盖印归档章及填写归档内容

（1）归档章应盖在每件文件首页的右上方，用"红色"印泥盖印，不能使用其他颜色。

（2）归档章的规格：长为 3×15mm，宽为 2×8mm。（如图）

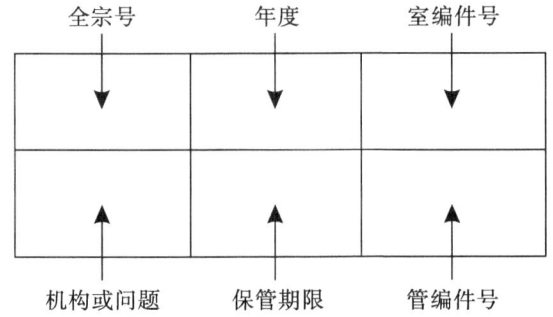

（3）编写件号

①所有文件排列完毕之后，即应按照排列顺序逐件编写件号，件号编写在归档章的"室编件号"栏之内。

②编写件号是在同一年度内按照永久、30年、10年三个序列编

制。即是在同一保管期限内编流水号。

（4）归档章各项目的名称和填写方法

①"全宗号"项，填写档案馆给本单位档案全宗确定的代号，未给予确定的暂不填写。

②"年度"项，用四位阿拉伯数字填写文件形成的完整的公元纪年，不能有任何省略，如：2016。

③"室编件号"项，填写每盒档案中每一份文件的排列顺序编号。

④"机构（问题）"项，按机构分类的填写产生文件的内部机构名称，如"办公室""宣传部"等；按问题分类的填写文件"问题类别"的名称，如"会议类"等。

⑤"保管期限"项，填写每一份文件的保管期限，即"永久""30年"或"10年"。

⑥"馆编件号"项，档案移交进馆后，由档案馆根据自己管理的需要与要求确定是否编写以及如何编写。

⑦归档章各项目的填写，应选用大小适当的数码章，刻制大小适当的"机构（或问题）"名称章、"保管期限"章，加盖上去。

填写归档图章内容时要求：凡手工填写各项目内容的，一律用碳素笔填写；凡项目内容用图章盖的，一律用红色印泥。

（八）编写档案目录

1. 档案目录的编写要求

（1）根据本单位文件材料分类、排列、编号的顺序，按照永久、30年、10年三个序列，分别逐件编制归档文件目录。并用泰坦档案管理软件编写打印，如没有软件可参照如下格式（A4纸横向）编写目录。

归档文件目录　　1页

件号	责任者	文号	题　名	日期	页数	备注
1						
2						
3						

（2）按规定要进馆的永久、30年档案，应打印纸质档案目录一式四套（两套交档案馆，两套本单位使用），电子档案目录一式两套（一套交档案馆，一套供日常查档使用）。

2. 归档文件目录各项目填写方法

（1）"件号"项

按照归档章内的"室编件号"进行填写。

（2）"责任者"项

①填写制发文件机关的名称或个人的姓名，一般以文件的盖章或署名为准；

②机关应填写其全称或通用简称；

③由两个或两个以上机关的联合发文，一般只填写主办单位名称，也就是编发文字号的单位；

④合同、协议应填写甲方、乙方两个单位的名称；

⑤个人作者填写其姓名，必要时加填职务或身份。

（3）"文号"项

填写文件的发文字号，无文号的文件材料此项不填写。

（4）"题名"项

①一般照录文件原题名，不得自行修改；

②无题名或题名不能揭示文件内容，应根据文件内容自拟题名加

"[ ]"填写；

③有正题名、副题名的文件材料，可选择其中有检索价值的题名填写；

④外文或者少数民族文字的文件材料，除原文照抄外，应将汉文译文加"[ ]"附在后面；

⑤批复与请示合为一件，拟写题名时写批复标题，将请示文号放在备注栏中方便查找。

（5）"日期"项

①填写文件的形成时间，一般以落款时间、会议通过时间或发布时间为准；

②用8位阿拉伯数字标注年、月、日，不得省略。月或日如果是一位数时，其前应加写一个"0"，如20160209；

③时间不详或没有时间的文件材料，应进行必要的考证，并在"备注项"中注明。

（6）"页数"项

填写每份文件的总页数，总页数以文件材料的最后一个页号为准。

（7）"备注"项

必要时简要注明需要说明的特殊情况或问题，如果说明文字比较多时，应填写在备考表中。

（九）装盒、入档案柜

1. 装盒

按照永久、30年、10年三个编号顺序分别装盒。一个机构或类别的文件比较多，可以按照排序单独装一盒或几盒；不同类别、不同保管期限的文件不能混合装盒。

2. 填写备考表

备考表格式如图，用 A4 纸（竖）打印，填写后放在档案盒内。

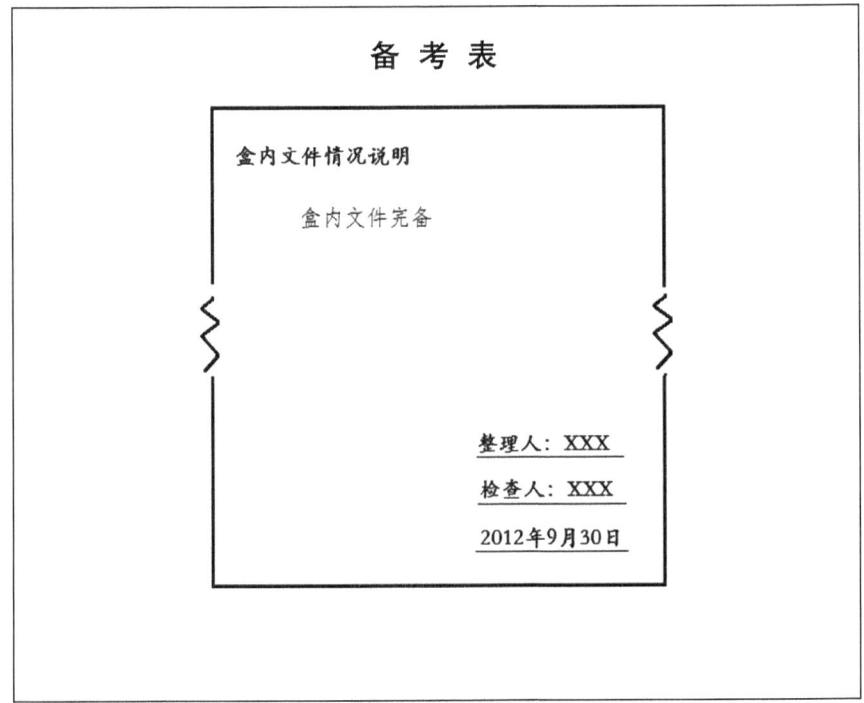

（1）"盒内文件情况说明"项

填写盒内文件需要说明的问题，主要包括文件的齐全完整程度、损坏情况以及整理归档后修改、补充、移出、销毁等有关情况，无问题则不填写。

（2）"整理人"项

负责整理归档文件的人员姓名。

（3）"检查人"项

负责检查归档文件整理质量的人员姓名。

（4）"日期"项

本盒文件整理完毕的年、月、日。

3. 档案盒的填写

档案盒采用由当地档案局统一监制的规范的文书档案盒。（如图）

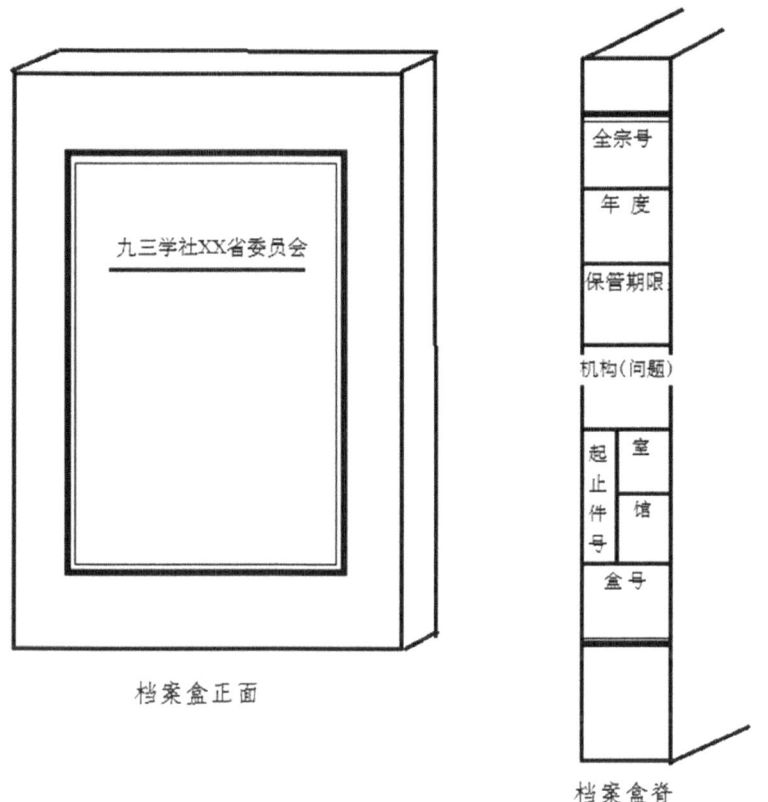

档案盒正面　　档案盒脊

（1）封面

只有一个"全宗名称"项，填写单位的全称或通用简称。如：九三学社XX省委。

（2）档案盒脊项目的填写方法

① "全宗号"项，用数码章盖档案馆给本单位档案全宗确定的代号。

② "年度"项，用数码章盖四位阿拉伯数字。

③ "保管期限"项，盖章或填写"永久""30年"或"10年"。

④ "机构（问题）"项，按机构分类填写产生文件的内部机构名

称,如"办公室""组织部"。如多个部门(问题)的组合卷,可不填写。

⑤"室编件号"项,填写本盒文件的起止件号。

⑥"馆编件号"项,暂空,档案移交进馆后,由档案馆编写。

⑦"盒号"项,用数码章盖印本盒的排列顺序号。

4.档案入柜

档案入柜应方便查找:

(1)档案柜统一编号:档案柜从左至右、自上而下编号,用阿拉伯数字1、2、3或英文字母A、B、C。

(2)档案盒的排放,同一保存期限,按照年度的顺序排放。

(3)编制检索表。

档案柜检索表

档案柜号	存放内容	备注
1	永久(1984—2000年)	
2	永久(2000—2015年)	
3	会计档案、声像档案	

二、会计档案的整理

(一)会计档案归档范围

(1)会计凭证:包括原始凭证,记账凭证,汇总凭证。

(2)会计账簿:主要指现金银行存款日记账,明细账,总账,固定资产卡片,辅助账簿及外事的会计账簿。

(3)财务报表:主要指财务指标快报,月、季会计报表,年度会计报表及文字说明。

（4）其他会计文件材料：主要指会计移交清册，会计档案保管清册，会计档案销毁清册，银行对账单及其他应当保存的会计专业资料。

（5）会计档案的归档时间是隔一年归档。

（二）会计档案的保管期限

会计档案的保管期限按照本地档案局的规定执行。（见下表）

序号	档案名称	保管期限	备注
一	会计凭证		
1	原始凭证	30年	
2	记账凭证	30年	
二	会计账簿		
3	总账	30年	
4	明细账	30年	
5	日记账	30年	
6	固定资产卡片		固定资产报废清理后保管5年
7	其他辅助性账簿	30年	
三	财务会计报告		
8	月度、季度、半年度财务会计报告	10年	
9	年度财务会计报告	永久	
四	其他会计资料		
10	银行存款余额调节表	10年	
11	银行对账单	10年	
12	纳税申报表	10年	
13	会计档案移交清册	30年	
14	会计档案保管清册	永久	
15	会计档案销毁清册	永久	
16	会计档案鉴定意见书	永久	

三、声像档案的整理

（一）声像档案的归档范围

（1）凡是反映本单位重要活动和历史发展并具有参考价值和凭证作用的声像材料均应归档。

（2）归档的重点是开展各项活动中直接形成的声像载体材料，尤其是声像载体材料的原件。

（3）声像载体材料按类型分为照片、录音制品、录像制品、幻灯片、磁盘、影视片、光盘等。

（4）不归档的声像文件材料：

①不能反映工作、活动的声像材料。

②音响、画面严重失真、内容残缺无使用价值的声像材料。

③重份声像材料（不包括按规定必须保留的复制件）。

（二）声像档案归档质量要求

（1）归档的磁性载体文件必须是可读文件。在有关设置上演示或检测运转正常，无病毒、清洁、无划伤，图像清晰、声音清楚，确保文件的完整性和内容的准确性。

（2）归档的声像材料应符合主题突出，题材生动、完整、准确、系统、配套，保持声像载体与其他载体之间自然联系等要求。

（3）归档的声像材料应配有文字说明等。文字说明主要应包括声像材料的内容简介，即反映的人物、事件，以及拍摄时间和地点，制作单位及人员等。

（4）归档的声像材料必须是原版、原件。为方便利用与保护档案原件，可另归一套复制件。

四、档案的管理

（一）档案室及档案保存的质量要求

（1）档案室要远离易燃、易爆、空气污染区。一般不安排在楼的一层、顶层及两头。远离卫生间、水房等。库房的温湿度应保持在15–25℃和35%–45%的湿度。

（2）档案室的防护设施应具备防火、防虫、防潮、防盗、防虫、防鼠、防磁、防光等，做到恒温、恒湿、清洁。

（3）档案室应与办公室分开，有条件的应与档案查阅室分开。

（4）声像档案存放得当。照片、底片要定期进行检查，有发黄、发霉、变质等现象时，要及时进行技术处理。录音、录像带一般每隔半年重绕一次，遇有发生磁带变形，断裂、磁粉脱落等现象时，要及时清洗和技术处理。

（二）档案的借阅

1. 建立借阅制度

（1）机关档案室资料，一般不对外，只向本单位开放。

（2）凡查阅主委会议档案，须经秘书长批准后，方可在档案室内查阅。

（3）外单位查阅档案，须持单位介绍信，并写明查阅者的政治面貌和利用目的，由秘书长批准方可查阅。查阅档案只限于在档案室内，不得外借。

（4）阅卷人只限查阅有关部分，抄录材料须经档案管理人员同意。

（5）借阅者要爱护档案，不得转借、污损、拆卷，严禁涂改、勾画、批注、折叠、抽页等，确保档案的完整和安全。

（6）借阅文书档案不得超过三天，借阅数量不得超过三件。

（7）对借出的档案归还时要当面点清，如有损坏和遗失，由当事人写出检讨，报请领导酌情处理。

（8）声像档案为延长其使用寿命，一般提供用复制件。

2. 填写档案借阅表

档案借阅登记表

序号	借阅人	批准人签字	借阅档案内容	复印页数	借阅日期	归还日期	档案员签字
1							
2							

（三）档案的销毁

1. 销毁档案的鉴定

（1）成立销毁档案鉴定小组。社省委机关成立由主管领导、秘书长和办公室主任及档案员参加的档案鉴定小组，负责本机关各种档案的鉴定销毁工作。

（2）档案销毁必须严格掌握，慎重从事。对已到保管期限，确无保存价值的档案，由档案人员负责编制销毁档案报告和档案销毁清册，经鉴定小组确定、主管领导审批后，方可销毁。

（3）对本单位有长远利用价值的档案应永久保存；对本单位在一定时期内有利用价值的档案分为30年或10年保存。介于两种保存保管期限之间的档案，保存期限一律从长。

（4）鉴定中发现档案不准确、不完整，鉴定小组应及时责成有关部门和人员负责修改和补充，使档案归档质量达到规定要求。

2. 编制销毁清册

（1）销毁清册的封面须设置全宗号、销毁档案的数量、鉴定小组负责人的签字及时间、批准人的签字及时间、两个监销人的签字及销毁时间等项目。

（2）清册中档案销毁登记表要设置序号、文件题名、所属年度、档号、应保管期限、已保管期限、文件页数、备注等栏目，准确揭示每一份销毁文件的内容和成分。

3. 档案的销毁

（1）销毁档案时要严格执行国家的保密规定，在指定地点，指定专人负责鉴销，防止档案的遗失和泄密。

（2）档案销毁批准手续、档案销毁清册等鉴定文件要及时归档。

（四）档案的移交

（1）机关档案室保管的保存期限为"永久"的档案，年满20年后应向省级档案馆移交。

（2）移交前要认真检查档案资料有无缺页或损坏。

（3）档案移交时，交接双方应根据目录认真核对，并在移交目录上签字。案卷目录以及移交清单各一式两份，双方各执一份。

（执笔人：高敏）

网络信息
——以社上海市委为例

一、网络信息系统概述

九三学社上海市委日常使用的网络系统主要有三套，分别为政务网、九三学社上海市委网站及办公自动化系统。

政务网是政务外网对应于国家政务外网，是政府的业务专网，与互联网逻辑隔离，属非涉密网，主要应用于社市委机关的财务和人事工作。

九三学社上海市委网站（http://www.sh93.gov.cn/）是社市委的门户网站。网站内容由社市委宣传部安排专人，接收基层发来的稿件以及宣传部自己采写的新闻稿件，按外宣要求，对文字进行编辑加工，经过部门负责人、分管副主委审核并签发后，通过QQ将相关内容发送给东方网安排的网络编辑，告知排版要求及照片放置位置（有新闻照片的稿件）。东方网的网站编辑通过他们的后台系统将稿件上传至社市委网站相关栏目。网站安全由东方网全面负责。

九三学社上海市委计算机网络信息化系统属局域网,是九三学社上海市委日常办公系统,与因特网物理隔离。主要功能包含日常办公、社员数据库管理使用、档案系统管理等。

二、九三学社上海市委 OA 系统的主要应用举例

九三学社上海市委网络信息化系统(OA 系统)是根据九三学社上海市委的办公实际来设计开发的,基本能满足日常的办公要求。日常收文、发文、会议管理、用品申请、人事考勤、用车申请、内部邮件往来等均可通过办公自动化系统来实现。为提高办公效率,社员数据库系统和档案管理系统也较好地嵌入了 OA 系统。

(一)登录系统

(1)打开 INTERNET 浏览器,输入办公系统地址:http://13.8.70.51/oa/index.html。

（2）输入用户名和密码，点击登录按钮登录系统。登录成功，这时您已经进入了"九三学社上海市委员会网络信息化系统"，可以进行多种功能的操作。首页页面显示的是"今日要览"及"工作安排"和"公告""通知"等信息。

（二）办公办文

1. 待办文件

待办文件页面显示的都是需要您及时办理的文件内容。如果有附件，则在附件列表中会出现提示图标。

点击您想要了解内容的标题，即可查看具体内容。

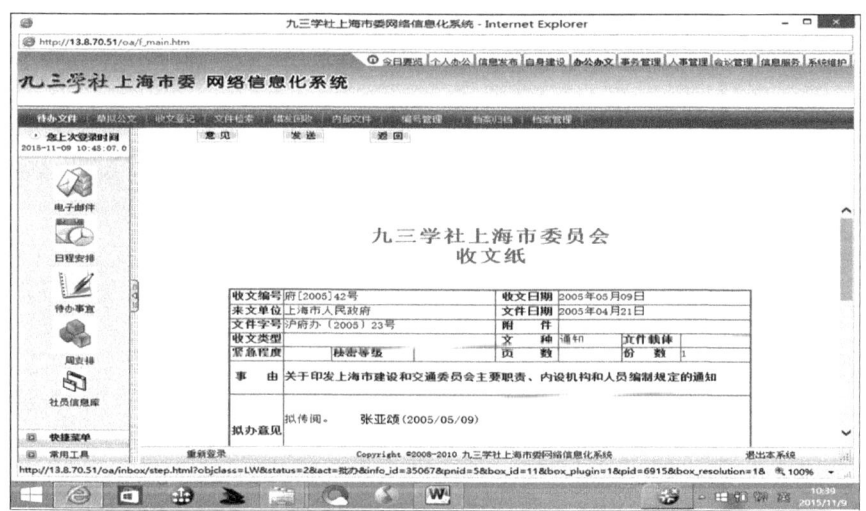

①若有附件，点击页面上方的附件可查看附件的具体内容。

②当您要对该文件签署意见，点击页面上方的意见按钮。

签署意见后,点击保存,即完成了签署意见的操作。

③然后点击发送按钮将办理要求发送出去。

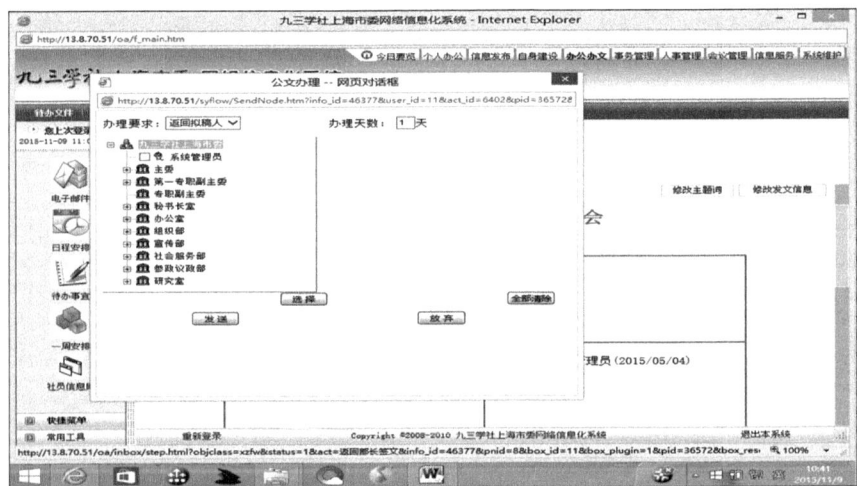

2. 草拟公文

九三学社上海市委机关常用发文有社市委发文和办公室发文两种。发文流程：拟稿→部门核稿（会签）→办公室审核→领导签发→编文号（沪社发或沪社办发）→返回部门负责人审核→发回拟稿人→打印（办理）。

3. 收文登记

收文流程：收文登记→办公室主任拟办→领导批示→部门承办（或传阅）→具体承办人（传阅）→返回。

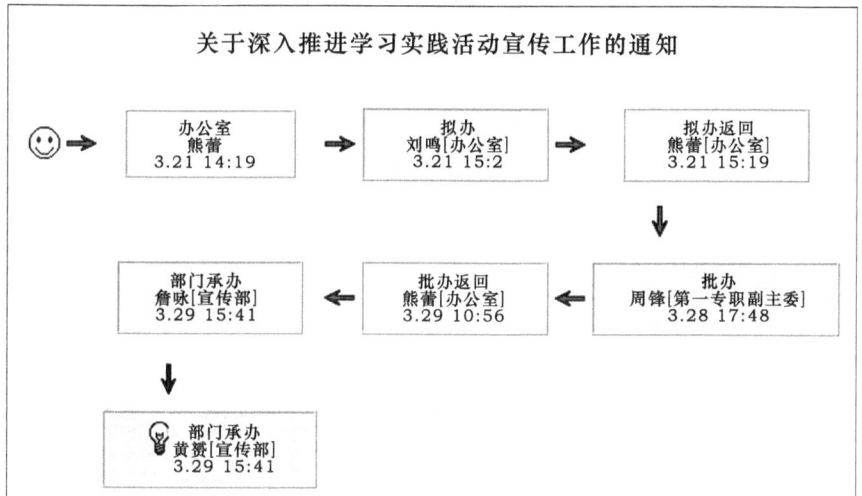

（三）社员数据库

在 OA 系统首页有"社员数据库"按钮，点击进入社员数据库系统。社员数据库录入上海市全体九三学社成员信息。组织部安排专人为管理员，负责登录信息。其他为普通用户，可以进行查询及分析等各方面应用。

（四）档案管理系统

档案管理系统由中软软件公司与上海市档案局共同研发，我们将它嵌入在"办公办文"页面之中，方便档案管理及查询。

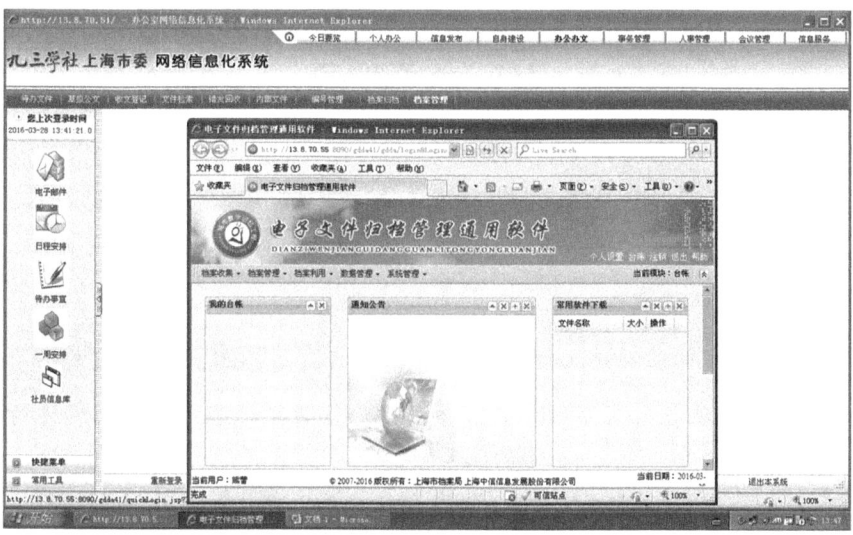

三、九三学社上海市委机关计算机网络管理办法（摘要）

第五条 计算机网络领导小组在社市委秘书长领导下开展工作。其职责为：

（一）审批有关计算机网络管理的各项制度；

（二）审核、推荐网络管理员、安全保密管理员和密钥管理员，报上级有关部门批准；

（三）审批在网络上运行的各种软件和具有本机关特色的网络应用资源及其他各种有益的信息资源、模块，督促检查计算机网络运行状态；

（四）协调各部室在使用计算机网络过程中遇到的问题；

（五）组织专家解决计算机网络运行中遇到的技术问题；

（六）审核新增设备和网络技术升级方案；

（七）负责查处计算机网络使用人员的违规行为。

第六条 计算机网络工作小组在计算机网络领导小组领导下开展工作。其职责为：

（一）起草计算机网络管理各项制度；

（二）负责计算机网络的日常运行工作；

（三）负责账号使用登记、权限管理、密钥管理和网络其他服务功能的设置；

（四）登记网络系统运行日志和用户使用日志，负责杀毒软件的定期升级和网络安全漏洞检测及系统口令的更换；

（五）制订有关培训计划，承担软件推广应用的培训工作；

（六）定期向领导小组报告工作情况；

（七）根据上级部门对计算机网络系统管理的要求和本机关工作需求，负责起草有关计算机网络开发应用需求报告，负责审核有关技术方案；

（八）负责联系硬件设备的采购，定期对硬件设备进行维护、保养；

（九）负责相关数据的记录、保存和存储，包括时间、内容（图像、文字、声音等）、来源（如IP地址、EMAIL地址等）等；

（十）负责计算机网络使用人员违规行为的报告。

第七条　机关各部室工作人员为机关计算机网络系统的用户。其职责为：

（一）遵守本办法；

（二）未经批准不得移动、下载内网上的文件；

（三）定期清理病毒。遇到未知病毒感染，应当及时报告；不使用来历不明的软件和存储；

（四）不发送不利于工作的信息；

（五）保管好自己的各类文件，做到不泄密、不失密；

（六）不在外网上任意查询与本人工作无关的信息；

（七）未经同意不得擅自使用他人计算机；

（八）负责保养个人使用的计算机。

第八条　遵守网络管理的各项制度，把安全使用计算机作为机关干部目标管理年终考核内容之一。

（执笔人：刘鸣、熊蕾）

离退休人员事务
——以社天津市委为例

一、探望、慰问离退休人员

（1）起草探望、慰问离退休人员工作方案，并上报机关领导。

（2）征询有关领导时间安排，进一步完善工作方案。

（3）电话联系须探望、慰问的离退休人员，协调落实时间和地点等。

（4）安排好车辆、慰问品。

（5）落实好宣传报道工作。

（6）陪同领导进行探望、慰问活动。

二、组织离退休人员活动

（1）征询离退休人员活动意愿。

（2）拟定离退休人员活动方案。

（3）上报分管领导审阅。

（4）经领导批准后，按计划组织离退休人员开展活动。

（5）落实好宣传报道工作。

三、离退休人员的工资福利待遇等重要事项发生变化时，应及时将有关文件精神通知离退休人员，并解答疑问

四、听取离退休人员的意见和建议

（1）做好记录。

（2）整理相关记录，及时上报机关领导，并根据实际情况提出意见建议。

（3）根据领导做出的相关决定，及时向提出意见建议的离退休人员反馈，并耐心做好相应的解释工作。

（执笔人：刘明浩）

社员来信来访处理
——以社上海市委为例

一、社员来信来访处理的指导依据

（一）国务院《信访条例》

中华人民共和国国务院令（第431号）公布，自2005年5月1日起施行。

（二）《上海市信访条例》

上海市人民代表大会常务委员会公告（第61号）公布，自2013年4月1日起施行。

（三）《九三学社上海市委员会信访处理办法》

——对属于其他单位职责范围的信访事项，一般在接受之日起五日内移送责任归属单位。

——对应当通过仲裁、复议、诉讼或者可以通过调解解决的事项，应当告知信访人向仲裁机构、复议机关、司法机关或者调解组织提出。

——对有较大参考价值的建议和意见，反映群体意愿的信访，应该及时提请秘书长研究处理。

——信访工作人员应该认真学习，忠于职守，主动与有关单位合作，努力做好信访工作。

二、信访工作机构及人员

（一）机构设置

信访工作职责设在办公室。

（二）人员配备

信访工作小组组成

组　　长：专职副主委

副组长：秘书长

成　　员：办公室主任及一名办公室工作人员（兼职）

三、信访工作流程

（一）登记

信访干部充分了解信访人基本信息、联系方式、信访事由、诉求，填写《九三学社上海市委信访登记处理单》。

编号：　年　号

九三学社上海市委信访登记处理单			
时间：　年　月　日			
姓　　名		出生年月		所属基层	
工作单位			单位电话	
家庭住址			邮　　编	
联系电话				
来信来访事由：			
领导批示：			
处理情况：			

（二）拟办

信访干部根据来信来访事由、诉求，提出拟办意见并报办公室主任审核及秘书长批办。

（三）批办

秘书长根据信访干部提出的拟办意见，提出批办意见后反馈给信访干部。

（四）交办

信访干部根据批办意见，将信访材料交予责任人（责任部门或责任单位），要求责任人（责任部门或责任单位）在信访条例要求的时限内办结。

（五）督办

对社市委主要领导有批示的信访件进行督办，原则上要求加快办理，尽早办结。对临近到期办结的信访件进行督办，确保按期办结。

（六）办结

信访件办结后，责任人（责任部门或责任单位）应立即将办理结果反馈给信访干部，同时将信访材料交还给信访干部，由信访干部登记办结情况。

（七）答复

信访件办理后5个工作日内，信访干部会同责任人（责任部门或责任单位）向信访人作出书面或口头答复。

（八）归档

信访件办结和答复后，应及时按照档案管理有关规定，予以归档，以备日后查证利用。

（执笔人：黄宾）

对口联系基层组织
——以社浙江省委为例

一、目的与任务

通过社省委机关干部担任省直属各基层组织联络员工作，加强对基层组织的深入了解，推动基层组织工作，改进机关工作作风与方法。

二、联络员主要职责

（1）协助基层组织做好社员发展、组织生活、参政议政、社会服务、宣传报道和换届等工作，推动基层组织按要求开展活动。

（2）向基层组织传达上级社组织的重要会议、文件及通知等精神；及时向社省委机关反映基层组织提出的意见建议，并协助其解决相关困难和问题。

（3）主动关心社员，经常性了解所联系基层组织社员的基本情况，及时掌握动态信息，为社省委机关社员档案信息库维护提供第一手资料。

（4）加强与基层组织所在单位中共党组织的联系，就社员和社基层组织在单位中发挥的作用、组织发展和换届等工作主动听取中共党组织意见。

三、工作方法

（1）联络员每年参加基层组织活动或下基层组织不少于3次。对所联系的基层组织活动开展做好服务和指导工作，做好基层组织每次活动的登记工作并报社省委机关相关职能部门备案。

（2）协助基层组织做好成员发展和换届候选人的考察工作、换届具体事务工作，并做好与相关方面的沟通协调工作。

（3）对需要基层组织参加的活动或完成事项，配合社省委机关职能部门做好通知的贯彻落实和信息反馈工作。

（4）按照社省委机关统一部署，每年初对所联系的基层组织进行一次社员信息核对工作。将日常掌握的社员信息变动情况，及时提交社省委机关相关职能部门更新社员档案信息库。

（5）协助基层组织做好工作材料的整理、报送、统计和归档等工作，完善档案建立。在每年的1月底前上交上一年度的基层组织工作手册和年度考核表。

（6）每年与基层组织所在单位党组织至少联络、交流一次（综合性基层组织由联络员自行选择一个单位），年底核对一次党组织分管领导和工作部门联系人的名单、职务和电话变动情况，报社省委机关相关职能部门备案。

四、绩效考核

社省委机关建立联系基层组织工作管理平台，健全登记、备案制度，成立考评小组。通过工作记录总结、基层组织评价、自我评价三结合，对联络员工作实行量化考评，以此作为公务员平时考核的重要内容之一。

（一）考评范围

省直属基层组织中的基层委员会、支社和直属小组的联络工作均列入考评范围，以一个年度内的联络员工作为考评依据。

（二）考评内容及标准

对联络员工作进行客观评分和主观评分，客观评分占70%，主观评分占30%。

总评分 = 客观评分 ×70%+ 主观评分 ×30%

1. 客观评分

基础分为100分，按以下六个方面工作完成情况进行减分。

客观评分 =100 – 减分合计

（1）每年1月31日前基层组织上交上一年度的工作手册和年度考核表，每缺一份材料减0.5分，本项最多减2分。

（2）未全部完成与基层组织所在单位党组织联络交流任务的减2分；未全部完成基层组织所在单位党组织分管领导和工作部门联系人名单、职务和联系电话核对工作的减2分。

（3）重要活动或事项通知落实情况以每次活动或事项为单位，所联系基层组织未全部完成的减2分。

（4）联络员下基层情况按未完成的基层组织数每个减2分，本项最多减 6 分。

（5）在每年的 12 月 31 日前未全部完成基层组织活动情况登记的减 2 分。

（6）每年进行一次社员信息核对工作按未完成的支社数每个减 2 分，本项最多减 6 分。

2. 主观评分

主观评分由联络员所联系的基层组织进行评价。每年 12 月考评小组发函，由基层组织对各自的联络员工作情况进行评价，评价分四档：很满意为 100 分，满意为 80 分，基本满意为 60 分，不满意为 40 分。

主观评分 =（很满意票数 ×100+ 满意票数 ×80+ 基本满意票数 ×60+ 不满意票数 ×40）/ 总有效票数

（三）考评程序

每年的联络员考评工作在次年的 1 月份完成。先由联络员对照客观评分的考评内容和标准进行自评，然后由考评小组对照联络员工作情况进行考评，考评结果经公示并报社省委机关领导批准后确定。

（执笔人：沈凌云）

绩效考核
——以社四川省委为例

一、上报绩效目标

年初接到《中共四川省委绩效管理领导小组办公室关于做好**年度省直党群序列部门绩效目标拟定工作的通知》后，由办公室牵头，汇总机关各处室提交的业务绩效目标后，上报本部门年度业务绩效目标，共同目标由中共四川省委绩效管理领导小组办公室统一制定。

二、上报自评报告

年末收到《中共四川省委绩效管理领导小组办公室关于做好**年度省直党群序列部门绩效目标考评有关事项的通知》后，由办公室牵头，汇总各处室绩效目标完成情况，形成自评报告上报。最后由中共四川省委办公厅下发年度目标考评情况通报，再由省财政厅按考评情况依照相关规定拨付绩效奖。

（执笔人：丁武）

政务接待
——以社北京市委为例

一、接待工作准备

（一）掌握准确信息

在收到接待通知后，及时与相关单位、部门对接，（如中共市委、统战部、政协等）准确掌握相关信息并向领导汇报。

（1）来访人员姓名、性别、职务、民族、人数、乘坐车辆等情况，如属领导人还须联系相关保卫部门。

（2）具体抵达日期和停留时间。

（3）来访的主要内容、行程安排。

（4）相关人员联系方式。

（5）工作餐、住宿安排。

（6）需要了解的其他事项。

（二）确定相关事宜

（1）确定本单位陪同领导。

（2）确定参与接待的人员。

（3）召开接待人员协调会，明确责任分工，安排布置具体事项。

（4）根据来访、参观调研等要求，确定参观调研路线、布置汇报现场、会议室、准备汇报材料等。

（5）落实接待用车，准备照相摄像及音响等设备。

（6）落实相关媒体人员。

（7）落实工作餐、住宿相关事宜。

（8）备用防雨、防晒、防寒用品及饮用水等。

（9）制定接待方案（根据不同接待对象，制定相应方案，经单位领导同意后印发实施）。

（10）需要确定的其他事项。

二、接待工作安排

（1）本单位陪同领导及相关人员提前迎候。

（2）汇报人或解说员提前到现场做好准备。

（3）各类文件材料提前摆放到指定位置。

（4）安排来访车辆有序停放，确保交通安全通畅。

（5）照相、录像人员随队拍摄。

（6）安排签到、题字留念等。

（7）接待会议要按规格摆放桌签。

（8）接待结束后安排合影。

（9）安排工作餐及住宿。

（10）接待结束后安排送行。

（11）其他安排。

三、接待工作要求

（1）参与接待人员应着正装，佩戴胸牌或胸卡，保持良好的精神面貌。

（2）接待过程中，接待人员要密切配合，及时沟通，相互补台，做好衔接工作。

（3）接待完成后，要及时、认真、全面总结经验，发现问题，进一步提高接待工作水平。

（4）收集接待双方相关资料，并整理归档。

（执笔人：张弛、付钰）

巡视督导工作有关事务
——以对社河南省委的巡视督导为例

一、确定本次巡视督导的组织领导

巡视督导工作在社中央的领导下开展，成立社中央巡视督导组，对省级社组织开展巡视督导。

二、确定本次巡视督导的组成人员

巡视督导组组长由社中央领导担任，社中央办公厅、组织部、监督委员会及其办公室等有关人员参加。

三、确定本次巡视督导的对象及内容

巡视督导对象：社中央委员，省级社组织领导班子及其成员、委员。

巡视督导内容：重点巡视督导监督对象遵守社章情况和履职情况，遵守政治纪律和组织情况，贯彻落实社中央决议、决定和工作部署情况，贯彻执行民主集中制情况，改进工作作风情况等。

四、确定本次巡视督导的方式

（1）听取被巡视督导社组织领导班子工作汇报。

（2）召开座谈会，听取意见建议，反馈巡视督导意见。

（3）与被巡视督导地或被巡视督导单位中共党组织或统战部门沟通协商。

（4）与被巡视督导社组织领导班子成员及有关社员进行个别谈话。

（5）视工作需要到社员所在单位进行考察调研。

（6）根据工作需要，参加被巡视督导社组织的领导班子谈心会和全委（扩大）会议。

五、巡视督导程序

（一）巡视督导准备

①对各省级社组织开展巡视督导，由社中央主席办公会议研究确定。

②确定被巡视督导单位后，社中央监督委员会办公室至少提前一个月下发巡视督导通知。

③巡视督导活动开始前，社中央监督委员会办公室要向社中央相关部室及有关单位了解情况，制定巡察督导工作方案，经社中央主席办公会议研究决定后执行。

（二）巡视督导过程

社中央巡视督导过程，主要包括听取社省级组织集体工作报告、社中央委员和社省委委员个人报告履职情况、参加分组讨论、与中共党组织等有关方面见面沟通、反馈巡视督导情况、通报巡视督导结果、运用巡视督导结果等环节。

1. 听取集体报告工作

（1）参加人员

①社中央巡视督导组全体成员。

②社省级组织：所在地的社中央委员、社省级组织委员，社省级组织监督委员会委员，地方委员会主委，专委会主任，部分骨干社员，社省级组织上届主委、副主委。

（2）邀请相关领导

所在地中共党组织及有关方面负责同志。

（3）议程

由社中央巡视督导组负责同志主持，或者委托社省级组织的主委、副主委主持。主要议程如下：

①社省级组织主委报告社组织工作情况。

②社中央巡视督导组负责同志讲话。

（4）报告原则和形式

①集体向本级社组织全委会报告工作，实行年度报告制度；集体向上级社组织报告工作，实行届内报告制度，届内至少报告一次。

②集体第一次报告的工作情况，为换届以来的工作情况，下次报告以本次报告为起点。

③集体报告工作经本级全委会讨论审议。

④采取口头报告和书面报告等形式，要切实改进文风，紧扣主题，言简意赅，语言凝练，文风朴实。

（5）报告内容

①思想建设情况。

②参政议政情况。

③组织建设情况。

④社内监督情况。

⑤社会服务情况。

⑥机关建设或日常社务工作执行情况。

⑦工作中存在的困难和问题。

⑧向社中央提出的意见和建议。

⑨其他需要报告的事项。

2. 个人报告社务工作履职情况

（1）参加人员

同前参加人员范围。

（2）邀请相关领导

所在地中共党组织及有关方面负责同志。

（3）议程

①由社中央巡视督导组负责同志主持，或者委托省级社组织的主委、副主委主持。

②所在地社中央委员和社省级组织班子成员、委员分别报告社务工作履职情况。

③视情况，社中央巡视督导组负责同志对所巡视督导的社组织自身建设提出意见和建议。

（4）报告原则和形式

①个人报告社务工作履职情况实行届内报告制度，届内至少报告一次。

②个人第一次报告社务工作履职情况的，均为换届以来的工作情况，下次报告以本次报告为起点。

③个人报告社务工作履职情况须填写报告表,经本人确认后由本级社组织签署意见。

④采取口头报告和书面报告等形式,紧扣主题,言简意赅,语言凝练,文风朴实。

(5)报告内容

①思想建设和政治理论学习情况。

②履行社务工作职责的质量及效果。

③本职工作与社务工作相互促进情况。

④社务工作履职中存在的不足和下步打算。

⑤向社中央提出的意见建议。

⑤其他需要报告的事项。

3. 参加分组讨论

(1)参加人员

同前参加人员范围。

(2)分组原则

一般可分为2-3组,每组人数大致相当且要有本级社组织不同方面的代表,每组设召集人1-2人,小组秘书1-2人。

(3)讨论发言的内容

①讨论换届以来总体工作情况。

②对下步工作提出意见和建议。

③对社中央和社省委工作提出意见和建议。

④其他需要讨论的事项。

(4)分组讨论议程

分组讨论由小组召集人主持。具体议程如下:

①小组召集人介绍参加分组讨论成员的基本情况。

②发言讨论。

③小组召集人总结发言情况。

④社中央巡视督导组成员可视情况进行发言。

4. 个别谈话

(1) 谈话对象

社省级组织：所在地的社中央委员、社省级组织委员，社省级组织监督委员会委员，地方委员会主委，专委会主任，部分骨干社员，社省级组织上届主委、副主委。

其他需要谈话了解情况的人员。

(2) 谈话内容

①换届以来的工作情况。

②基层委员会、支社开展工作情况。

③对社中央及社省级组织的意见和建议。

④其他方面的意见和建议。

5. 与中共党组织及有关方面沟通

由社中央巡视督导组组长主持，邀请中共党组织及有关方面领导同志，就相关问题进行沟通。

(三) 巡视督导结果反馈

1. 参加人员

①社中央巡视督导组全体成员。

②社省委：所在地的社中央委员、社省级组织班子成员、委员，社省级组织监督委员会委员，社省级组织机关干部。

2. 议程

会议由社中央巡视督导组负责同志主持。具体议程如下：

(1) 听取社省级组织对社中央的意见和建议。

（2）社中央巡视督导组负责同志反馈巡视督导意见。

（四）巡视督导报告

巡视督导工作结束后，撰写巡视督导情况报告。报告经巡视督导组组长审定后，报社中央主席、常务副主席、副主席和监督委员会主任、副主任。

（五）巡视督导结果使用

科学运用巡视督导成果，建立巡视督导工作与加强对社的干部经常性提醒教育相结合，与举荐使用社的领导干部相结合，与社务工作评价相结合，与总结经验完善制度相结合的常态化工作机制，进一步增强遵章守纪意识，改进工作作风，加强自身建设，不断提升履职水平。

社中央监督委员会办公室要定期将巡视督导结果向社中央相关部室和相关部门通报。

（执笔人：刁卫星）

后 记

为进一步加强我社各级组织机关工作，推进机关制度化、规范化、科学化建设，根据2015年机关建设片会的意见建议并经社中央领导同意，办公厅组织编写了这套《九三学社机关工作手边书系列》（2016年版）。

之所以定位为"手边书"系列，就是想让这些小册子成为社机关工作人员手边的工具书、入门书、参考书，能够随时随地翻阅查找相关操作流程规范，切实做到规范、有序、高效。

社中央副主席兼秘书长印红对丛书编撰工作给予了高度重视和支持，亲自过问指导；办公厅主任苟红旗非常重视丛书的编写并直接督促、指导具体编撰工作；副主任张魁林全程组织编撰工作，并审读了全部文稿；文秘处李胜男、王方立、毕元元具体承担了各编委会有关组织、联系工作；各省级组织给予了积极支持和热情鼓励，秘书长、办公室负责人和有关工作人员对丛书筹划、内容编撰及审定稿工作提出了很好的意见建议；有关市（区）级组织机关及学苑出版社给予了大力协助和支持；编委会全体成员为丛书编撰付出了大量心血，在此一并表示感谢。

《九三学社机关工作实务指南》编委会召集人为黄忠官（广西）、丁武（四川），成员张学强（北京）、刘明浩（天津）、高敏（河北）、马兢建（山西）、石晶（辽宁）、刘鸣（上海）、沈凌云（浙江）、王振华（安徽）、蔡启珍（江西）、孙钢（山东）、刁卫星（河南）、黎振平（甘肃）以及社中央办公厅的蒋承华、胡永波、阮赐远、李胜男、洪柳、李博闻。

《九三学社市级组织机关工作案例》编委会召集人为蒯建华（南京）、陈宁宁（济南），成员田增辉（西安）、关宏志（大连）、谢建平（乐山）、李胜君（铜仁）、葛菁（鹰潭）、夏惠（沙坪坝）以及社中央办公厅的王方立、李欣。

《公文处理案例》编委会召集人为周仲天（江苏），成员傅灿荣（浙江）、王振华（安徽）、徐好（重庆）、毕元元（社中央办公厅）。

由于编者水平有限，差错和疏漏在所难免，敬请读者见谅并指正。

编　者

2016 年 11 月